ASPECTOS PROFUNDOS DA VIDA

N. SRI RAM

ASPECTOS PROFUNDOS DA VIDA

Tradução de Augusto Cezar Maia Hegouet

EDITORA
TEOSÓFICA

Brasília — DF

The Theosophical Publishing House
Adyar, Chennai, Índia
Edição em inglês, 1981.

1ª ed. em português, 2021.
1ª reimpressão 2023.

R165	Sri Ram, N.

Aspectos profundos da vida, N. Sri Ram; Brasília: Editora Teosófica, 2023.
p. 120.

Título original: Life's deeper aspects

ISBN 978-65-88797-09-9

1. Teosofia II. Título

CDU 141.332

Direitos Reservados à
EDITORA TEOSÓFICA
SIG Quadra 6, Nº 1235
70.610-460 — Brasília-DF — Brasil
Tel.: (61) 3322.7843
E-mail: editorateosofica@editorateosofica.com.br
Site: www.editorateosofica.com.br

Revisão: Valéria Marques de Oliveira
Diagramação: Leandro Collares
Capa: Usha Velasco
Impressão: Gráfika Papel e Cores (61) 3344-3101
E-mail: grafika@papelecores.com.br

Sumário

PREFÁCIO DO AUTOR — 7

PREFÁCIO DA EDIÇÃO BRASILEIRA — 9

VIDA, MORTE E IMORTALIDADE — 11

ATIVIDADE DA MENTE — 29

O HOMEM COMO UM CORPO DE CONSCIÊNCIA — 43

"MORTE E SUA IRMÃ SONO" — 57

NOVIDADE EM SI MESMO — 65

O DESPERTAR PARA A VERDADE — 77

O VERDADEIRO, O BOM E O BELO — 97

O SIGNIFICADO DE CADA MOMENTO PRESENTE — 109

Prefácio do autor

Este volume consiste de palestras proferidas em vários locais ao longo de um período de anos. Não foi escrito como um livro contendo uma tese central e subdivisões, e com um argumento sequencial, evitando sobreposição. As palestras, embora editadas e revisadas, geralmente estão na forma em que foram dadas. Os assuntos possuem uma mesma origem etimológica e têm referência às mesmas verdades ou ideias fundamentais em diferentes contextos. Espera-se que o aqui apresentado possa ser do interesse daqueles que são atraídos por tais assuntos, ou mesmo para o leitor em geral.

N. Sri Ram
Adyar, 29 de fevereiro de 1968.

Prefácio da edição brasileira

Durante a sua vida, N. Sri Ram foi um gigante na propagação das mensagens universais emanadas pela Sociedade Teosófica. Verdades essas que eram sentidas através dele não só nas suas palestras, mas principalmente no seu modo de vida, presença amorosa, calma e profunda. Ele foi um exemplo do que chamamos, desde os séculos passados, de homem sábio.

Esta obra consiste em uma coletânea de palestras proferidas por N. Sri Ram em vários países que visitou. É registrado que nas diversas vezes que esse brâmane desembarcava em um país era recebido por centenas de pessoas sedentas por conhecimento e as suas palestras lotavam salões, fazendo emanar em centenas de pessoas o elixir da busca por desvendar os enigmas da vida.

Sri Ram, com toda a sua profundidade, explora vários temas universais que, se bem refletidos, podem nos ajudar a ter uma nova perspectiva na nossa forma de entender e interagir com a vida, como as infinitas possibilidades existentes na natureza essencial da consciência. O próprio autor informa que esses textos são geralmente na forma em que foram dadas.

Ele afirma que consciência e Espírito são um só, e que a imagem evocada por estes dois termos é o da Unidade, e que, porém, somente através do puro percebimento é que seu significado será compreendido.

Segundo o próprio Sri Ram ressaltou em suas mensagens: "temos ainda de deixar crescer as asas para o voo do cisne, do tempo para a eternidade, seguindo aquela linha arquetípica de beleza que é apenas um sonho longínquo para os mortais."[1]

Finalmente, convidamos você, leitor, a mergulhar na beleza dos temas apresentados pelo autor, descobrindo, por si próprio, que existe uma verdadeira beleza em cada coisa existente no Universo.

Ótima leitura e reflexões.

Ígor Mendonça Câmara
Presidente da Editora Teosófica

---

1   RAM, Sri *Pensamentos para aspirantes ao caminho espiritual*, Brasília: Ed. Teosófica, 2ª Ed. 2017.

Vida, morte e imortalidade

Quando um indivíduo da ciência procura conhecer a verdade do Universo e das coisas nele contidas, ele baseia suas descobertas no que observa, e isso é feito da forma mais precisa possível. Ele é lógico em suas inferências, mas também recorre a postulados e hipóteses para explicar os fenômenos observados.

Há pessoas que pensam que os cânones da verdade que são aplicados no campo da Ciência não se aplicam na esfera da religião, porque a religião é um assunto altamente pessoal, e na área da lealdade e das emoções pessoais, não há espaço para escolha de crença. Isso ocorre porque eles investem na verdade com um significado estreito, e que não apela para a natureza total do ser humano. Mas em relação a essas questões, também poderá existir uma abordagem objetiva, a qual contém toda a beleza existente no campo dos afetos, bem como da religião, mas sem as limitações inerentes aos métodos e objetivos da Ciência. Um cientista está preocupado apenas com um determinado campo de fatos, verificáveis por seus métodos, e se ele tiver a mente ampla, será o primeiro a admitir que existem, ou podem existir, níveis de experiência e fatos diferentes daqueles com os quais ele está preocupado.

Quando avançamos na vida, somos recebidos por uma ordem diferente de existência, daquelas que são conhecidas como objetos inanimados. A vida é uma coisa extraordinária, obviamente uma energia. Quando olhamos para algo vivo, quando o seu corpo é considerado, ou quando analisado, verificamos que é composto das mesmas substâncias que encontramos na terra, água e ar, e que há nesse corpo uma energia que muda continuamente essas substâncias, sua composição e condição. Mas a vida não é uma energia como a eletricidade, nem química pura, nem é a energia de uma bola posta em movimento por um empurrão ou sopro. É uma energia em que há, inerentes, tanto a consciência quanto a inteligência.

Em cada ser vivo, mesmo no mais ínfimo inseto, existe uma consciência que, embora se desenvolva de várias maneiras, começa apenas a ser consciente. Se algum estímulo é aplicado a um corpo vivo, há a percepção de algo acontecendo com ele. Esta é a consciência em sua forma mais simples. Mas além de ser meramente consciente de um impacto, e daquilo que porventura o toca, um ser vivo dá todos os indícios de estar imbuído de uma inteligência própria, que age de forma positiva. Descobrimos que uma planta, pássaro ou animal agem com certa inteligência, conduzindo ao seu bem-estar e sobrevivência, guiados por um instinto que produz ação desejável, do seu ponto de vista. A ação não é planejada, não é pensada, não como a ação empreendida pelo indivíduo, mas surge de um sentido inato que, no entanto, opera apenas de maneiras fixas. Um pássaro sabe como construir seu ninho; pode voar milhares de quilômetros através da atmosfera, chegar precisamente ao lugar adequado ao seu propósito, e até mesmo onde esteve no ano anterior. Esse é um fenômeno incrível, e até agora, não houve uma explicação adequada sobre como isso ocorre. O instinto funciona para fins limitados, mas dentro desses limites é quase infalível.

O indivíduo tem uma consciência que é mais inclusiva, mais sutil em apreensão, e capaz de agir de múltiplas maneiras, mas o instinto que os seres vivos possuíam, abaixo do nível de seu desenvolvimento, não está mais presente; é substituído pela nova faculdade de pensamento. Ao ter que abrir o seu caminho ponderando que haja considerações e escolha, a mente humana prevê diferentes possibilidades; e há a chance de escolher uma linha de ação errada ao invés da correta. De vez em quando, o ser humano depara-se com encruzilhadas que o desorientam e o confundem. Então, podemos perceber que, embora tenhamos um dote superior ao do animal, mais variado e complexo, perdemos certo tipo de inteligência que o salva das dificuldades, ansiedades e erros conectados a um grande escopo de ação e escolha.

Mas mesmo no indivíduo, no nível puramente biológico, há instinto, que é a inteligência do corpo humano, e ele regula, perfeitamente, todos os processos do corpo quando o pensamento não interfere. Um animal ou pássaro, desde que esteja em seu *habitat* e estado natural, sabe exatamente o que comer e o que fazer. No geral, mantém a saúde perfeita. Podemos ver como a sua aptidão física é superior à do humano, em geral. O organismo vivo tem um instinto próprio que mantém a aptidão perfeita, quando tem seu próprio caminho; no caso do ser humano, todos os tipos de fantasias e medos, indulgências e memórias, de fato, os caminhos erráticos de sua mente, confundem completamente o esquema e o processo da Natureza.

Se submetermos o corpo humano vivo a um exame com um tipo de clarividência (suponhamos), que pode ver em cada processo, ao qual nada é um obstáculo, observaríamos muitos minúsculos processos, físicos, químicos, elétricos, magnéticos, eletrônicos, e assim por diante, todos coordenados com extrema precisão para produzir um resultado perfeito, que não perturbe todo o sistema. A inteligência do corpo age como um computador perfeito. Além disso, a vida mostra uma inteligência que concebe os meios para alcançar fins específicos. No entanto, essa não é a inteligência que usamos quando pensamos, mas uma inteligência que para nós é subconsciente, existente na própria estrutura da matéria viva, e agindo de maneira que conduza a novos desenvolvimentos.

A inteligência que está presente na vida sempre age através de um grupo de forças, mas se olharmos para a vida como uma corrente separada, à parte dessas forças, nós não a enxergaremos de modo algum. Em outras palavras, é uma espécie de energia invisível que tem consciência, capacidade de registrar fatos, uma inteligência que pode coordenar, cronometrar e dar os impulsos necessários, e além de tudo isso, mostrar um senso inato de harmonia que é a base da beleza.

É um fato altamente significativo, que muitos dos animais e pássaros tenham corpos belamente moldados, fato este que, por si só, fornece uma pista para a natureza das leis que determinam a ação da vida. Um corpo humano também pode ser bonito, e o é, em muitos casos, apesar da transgressão do ser humano às leis da Natureza. O biólogo explica a estrutura da ave ou do peixe ou do corpo humano em termos de funcionamento e utilidade. Um determinado órgão está alojado em algum lugar do corpo para fácil ação, coordenação e economia do espaço, juntamente com as vantagens que acompanham essa economia. Mas há esse fato adicional que, embora o *design* possa ser utilitário, em muitos casos resulta na beleza da forma, como também do movimento, o qual, se o *design* tivesse sido criado por nós, indicaria um sentido estético altamente desenvolvido. Quando a energia vital funciona livremente, de acordo com sua inteligência inata, ela produz forma após forma, que seja perfeitamente adequada ao seu funcionamento, que seja adaptada às necessidades e atividades do organismo, e ao mesmo tempo manifeste graça e beleza variando de forma para forma. Essa energia extraordinária, que é sensível, que age com inteligência, tem uma tendência para a criação da beleza. Em muitos casos, o artista, em seu conceito de beleza, é guiado pelos modelos da Natureza. A ação de todas as formas de vida é significativa, e o mais significativo para uma mente sensível é o que é belo.

Quando olhamos para algo que tem uma beleza extraordinária, esse se destaca e prende o interesse. Esta beleza atua em profundidade sobre uma natureza sensível, permeando-a e fundindo-se com ela, pelo menos por um tempo. A beleza na arte é baseada na proporção de linhas, cores e harmonia, bem como no ritmo dos movimentos e da expressão. A Natureza ou a Vida também tem uma arte, um gênio próprio, envolvendo as mais variadas técnicas e, o tempo todo, desenvolvendo algo novo.

Embora a vida seja uma coisa tão extraordinária, sabemos pouco de sua excepcionalidade. Achamos que é apenas um sistema biológico. Como tal, reproduz as formas que habita, cada forma como um todo, quer seja uma célula ou um corpo humano. Ela causa crescimento de acordo com um padrão incorporado nela. Embora não haja vida em ação em qualquer lugar além de uma forma que limite essa ação, tal forma não esgota sua potencialidade. Ela cria ou desenvolve uma forma melhor para seus fins.

Quando usamos a palavra vida, ela não é uma mera quantidade que possa ser medida em unidades de grama, nem é uma massa rudimentar; ela expressa sua natureza em termos de qualidades, e sempre age através de formas individuais, adequadas a essas qualidades. O vasto processo, que é a evolução, ocorre através de formas específicas identificáveis. Evidentemente, é da natureza da vida buscar por definição, manifestar as qualidades herdadas nela através de padrões definidos. Essa expressão de sua natureza aumenta de significado à medida que aparecem formas mais elevadas, e organizadas de maneiras mais complexas. Há no processo evolutivo uma constante melhoria em relação ao desempenho anterior, novas faculdades surgindo. Como isso acontece? A mera duplicação do corpo vivo é maravilhosa, mas além da duplicação há a melhora do organismo, desde os primórdios mais simples até o padrão mais complexo existente no cérebro humano.

Podemos, em nossa imaginação, percorrer um vasto trecho do processo evolutivo, e verificarmos que a cada novo estágio novas faculdades surgem, as quais não poderiam suspeitar que existissem anteriormente. À medida que essas faculdades emergem, não há apenas um aumento da capacidade de fazer as coisas, mas também a inteligência de uma nova ordem e sensibilidade, que não pode ser explicada pela mera adaptação ou pelo funcionamento de fatores mecanicistas. Um ser humano sensível é capaz de percepções e respostas para as quais não existem palavras, e não podemos estabelecer um limite para essa sensibilidade que se manifesta. Ela dá origem à percepção da beleza, bem como a do amor. A adaptação teria mais o efeito de reduzir a vida para o nível do lugar-comum. Essa sensibilidade não é um produto do pensamento, porém mais básica do que ele. Não podemos argumentar, logicamente, com certos fatos objetivos e dizer: assim, surge o senso de beleza.

A experiência da beleza ocorre através de múltiplas formas de cor, som, linha, movimento, e assim por diante, mas também e mais ainda, através dos modos de pensamento e sentimento, e é principalmente inexprimível em palavras. Ela gira em torno de matizes e relações sutis, como na música vocal onde há uma sequência de notas, mas com inflexões e nuances indefiníveis. Se a menor alteração for feita em uma nota, seja em seu tempo, seu lugar ou tom, todo o efeito é perdido. A música, em certa medida, indica a sutileza, profundidade e alcance de percepção e respostas possíveis para a consciência humana. Essa sensibilidade é um atributo da vida ou da consciência, não transmitida por acontecimentos externos, mas inerente à sua natureza.

Tal sensibilidade, que é a base da verdadeira inteligência, mostra-se em vários modos de ação: na imaginação, por exemplo. Imaginação é mais do que o registro ou a fotografia de um fato. Se notarmos que há uma cadeira para várias pessoas, muitas ficariam sentadas no chão, e assim por diante, esse é meramente um registro de fatos existentes. Quando construímos algumas hipóteses para explicar certos fenômenos, criamos uma ponte invisível, e essa ação é bem diferente de registrar e de raciocinar. Imaginar é construir uma forma a partir de elementos presentes na mente. Da sensibilidade surge o amor, que não pode ser explicado pelo mero apego ou pelo instinto de autoproteção. O amor em sua pureza abole o eu.

No indivíduo também existe um senso instintivo de moralidade, de certo e errado. Isso novamente indica um aspecto da vida que se desenvolve no ser humano. Se tanta coisa está latente nele, qual deve ser então a natureza da fonte da qual tudo isso surge?

    O indivíduo é consciente não só das coisas externas, mas também do que ocorre dentro de sua consciência. Há nele uma consciência que pode estar negativamente ciente das mudanças positivas em si mesmas. Um animal é consciente em sua própria esfera, ele vê as coisas que estão ao seu redor, embora possa ver diferente de como um ser humano as vê. Ele tem memória, e é atraído e repelido, porém, a memória, a atração e repulsão decorrentes da consciência animal são mecânicas. Se ele vê algo do qual cria a imagem de uma sensação prazerosa, ele se move em direção a ele; se ele experimentou algo desagradável, há em sua mente uma imagem que produz repulsa e foge do objeto ou o ataca. Sua ação é determinada inteiramente pelos impulsos da memória. Assim, é possível treinar um animal para realizar vários truques. Cientistas, bem como artistas, agem sobre os animais de forma bastante cruel e repreensível, a fim de estudá-los ou treiná-los. Quando um animal é treinado, ele faz certas coisas que lhe dão prazer; também aprendeu que se determinadas coisas não forem feitas, ele imediatamente sofrerá. Sua memória entra em ação, e coloca suas células cerebrais em movimento, no padrão exigido por meio de um determinado sinal, mesmo sem o estímulo original.

    A escola de Psicologia, conhecida como escola Comportamentalista, acredita que o ser humano também é um animal, o mais inteligente de todos, e, portanto, ele pode ser treinado da mesma forma que um animal, para falar e pensar de maneiras particulares, para reagir aos acontecimentos e dar respostas como em um livro prescrito. Em outras palavras, o indivíduo é considerado como um sistema dos chamados reflexos condicionados, que opera com base na memória, e não como uma inteligência livre.

O que esses psicólogos dizem pode ser verdade, no que diz respeito ao indivíduo comum, que vive de respostas superficiais, mecanicamente, e que é muito facilmente influenciado. Quando a pessoa está inconsciente, que é uma condição de sono parcial, tanto o pensamento quanto o sentimento são majoritariamente mecânicos, regidos pela memória e sensações agradáveis ou desagradáveis. Mas quando alguém desperta para esse fato, e sai dessa condição, o que é possível, ele pode livrar-se completamente de todas as reações mecânicas, de modo que age a partir de uma inteligência livre. Ele é então um Ser psicologicamente liberto. Tal liberdade só é real quando experimentada, não imaginada. Nessa liberdade a vida assume ou revela um novo significado. Cada ação ou experiência tem então um frescor, é nova e original. Cada momento do seu tempo pode ser livre, até mesmo do próprio pensamento do passado. Nessa condição, a vida se aproxima de uma condição que pode ser melhor descrita como espiritual, ou seja, não reprimida pelas qualidades da matéria.

Quando essa Verdade é realizada, é difícil aceitar a visão de que a vida e a consciência são produtos da matéria, como muitos cientistas do século passado pensavam e como muitos cientistas, mesmo agora, parecem pensar. Eles evidenciam propriedades semelhantes às da matéria apenas em uma extensão limitada, e em um estado não livre. A matéria é determinística; ou seja, quando há certas condições presentes, o produto ou a ação resultante é determinado por essas condições. O ser humano também é uma criatura sujeita ao determinismo, até certo ponto, porém, para além desse ponto, ele pode ser livre, e essa liberdade visa, essencialmente, expressar e revelar a beleza dentro de si mesma. A teoria de que a vida como consciência, capaz de imaginação, iniciativa, sensibilidade, amor e todos os outros atributos que possuem em si a qualidade de liberdade, pode ser um produto de componentes moleculares, implica que se esses componentes forem reunidos, então a vida, em toda a sua extensão e beleza, resultará e manifestará sensibilidade, liberdade, inteligência e beleza, produzindo algo novo a cada momento.

Uma mente estritamente lógica e científica deve ter bom senso e evitar em seu pensar qualquer lacuna de credulidade. Qualquer explicação que possa ser oferecida para os fenômenos múltiplos da vida deve estar em consonância com nossa própria experiência, com o que sabemos por nós mesmos; ela deve ser plausível e iluminadora. A outra explicação de que a vida é uma energia universal, da própria natureza da consciência com sua vasta extensão, suas qualidades extraordinárias, bem como as suas limitações sob certas condições, pode ser chamada de visão teosófica.

A Teosofia não é o que está contido neste ou naquele livro, que pode estar correto até onde ele vai, mas Teosofia é a sabedoria que surge da Verdade em sua totalidade. Se a definirmos dessa maneira, ela poderá ser encontrada nos livros, embora nenhum livro possa esgotá-la ou tomar o lugar da vida e da realidade a ser encontrada nessa existência. Podemos encontrá-la nos pensamentos dos filósofos antigos, expressos em qualquer sistema de pensamento, em qualquer religião. A Teosofia, como a palavra indica, não é aquela verdade superficial com a qual a Ciência se preocupa, mas sim a Verdade em sua abrangência, que inclui toda a extensão de vida e consciência, cada movimento sutil, cada sombra, tom e possibilidade.

Que a vida é uma energia universal que está em toda parte, tanto nas coisas inanimadas, quanto nas animadas, variando em seu poder e ação, e utilizando formas de matéria para a sua expressão, pode ser apenas uma teoria até que sua natureza essencial ou integral seja experimentada em si mesma. Mas podemos ver o quão plausível, quão iluminada, ela é. Esta energia única não pode agir sem um meio ou veículo. Vemos manifestações de sua natureza nas muitas formas que existem. Ela tem a qualidade de estar consciente, e, portanto, há algum grau de consciência em todas as coisas. No indivíduo, ela eleva-se às alturas da iluminação, poder e beleza, apenas vagamente concebíveis no presente. Pois opera em diferentes graus, mostrando uma enorme amplitude.

Há certo tipo de energia manifestada até mesmo em bactérias, como há outra imensamente superior em aves e animais, e ainda outra quase infinitamente superior no ser humano, capaz de pensar e sentir. Pode haver picos surgindo, como o de uma cadeia de montanhas, nesse tipo de consciência, cuja ação é totalmente indeterminada por qualquer coisa estranha à sua natureza. A vida é um movimento de consciência condicionado pelas formas que veste. Todo ser vivo é consciente, mas o grau de sua consciência é determinado pela organização de seu corpo. A consciência que é livre pode ter um potencial infinito, mas as limitações podem reduzi-lo a uma gota. Considere uma borboleta, um pardal, qualquer criatura viva; o organismo determina o mundo em que experimenta, se move e funciona. É um mundo limitado. Mas o indivíduo, embora esteja atualmente limitado, tem em si uma natureza com potencial de crescer sem limite, com uma capacidade desconhecida, que é da própria natureza da consciência. A consciência, que constitui um ser humano, somente usa o cérebro como uma base, a partir da qual deve operar. Essa é uma ordem de consciência muito superior ao que pode ser encontrado nos reinos menores da Natureza, onde a vida opera mecanicamente, sujeita a leis de causalidade, e é capaz de ação que se distancia muito de qualquer tipo de pensamento e sentimento que surge de impressões cerebrais.

O ser humano é realmente um Ser de vida e consciência, e o corpo físico permite que esse Ser entre em contato com o mundo físico e atue em relação a ele. É só quando percebemos esse fato que seremos capazes de saber o significado da morte. O ser humano conhece a si mesmo como um "Ser", e vemos, até certa medida, o alcance de consciência que ele exibe. Quando percebemos que o indivíduo é essencialmente essa consciência, e que o corpo é apenas um revestimento, algo a ser colocado, ou um instrumento que ele usa, perceberemos, imediatamente, o extraordinário significado deste fato.

A vida é sempre individual em suas expressões; ela opera através de uma constituição ou organização individual específica, de modo que sua natureza, que é realmente consciência, é inevitavelmente condicionada pelo corpo, até que seja capaz de se libertar dessa escravidão. Essa consciência individual flui como uma corrente, marcada pela continuidade no tempo. Que ela flui como uma correnteza, com certo impulso, coletando material, é um fato que podemos perceber por nós mesmos. Em um momento, há certo estado de consciência em um indivíduo, ele experimenta certas sensações, carrega certas ideias, pensa e sente de certas maneiras. No momento seguinte, há nele um estado de consciência relacionado ao estado anterior, embora seja uma variação; os dois estados encaixam-se um no outro. Existe essa continuidade tanto na consciência quanto na vida de todos nós, apesar de todas as paradas e desvios superficiais. Se a forma que contém a vida se desintegrar, uma vez que a energia não pode ser destruída e fluir como uma única corrente, podemos legitimamente presumir que ela pode existir em alguma condição latente ou continuar como um movimento em outras condições.

Assim, pode-se entender a afirmação de que a consciência individual continua após a morte do corpo físico. Quando este corpo se desprende, a essência da vida e da consciência que usou o corpo como uma base ou instrumento para suas operações se move em diferentes condições. Há muitas evidências coletadas pela *Physical Research Society* [Sociedade de Pesquisas Físicas] e outros órgãos para apoiar a visão de que o indivíduo, como entidade consciente, sobrevive à morte do corpo. É uma visão inteligível, em consonância com os fatos de nossa experiência. Pode-se aceitá-la razoavelmente, mas para saber a verdade por si mesmo seria necessário alcançar certa liberdade de identificação com o corpo, mesmo durante sua vida.

Suponha que sejamos capazes de ir tão longe, a questão é: o que acontecerá com essa consciência que continua após a morte do corpo? Foi dito por um grande Mestre, séculos atrás, que todas as coisas compostas, inevitavelmente, tornam-se decompostas. Tudo o que foi construído sofre declínio e queda. O que quer que venha a existir através de uma agregação de diferentes elementos pode ser desagregado e desmembrado nos elementos dos quais o composto surgiu. Aquilo que tem um começo deve ter um fim. O corpo que foi construído por um influxo de vitalidade inevitavelmente declina, o influxo não é sustentado. Todos os tipos de mudanças ocorrem para diminuir a eficiência de seu funcionamento.

Finalmente, ele morre. Mas e sobre a mente que existe depois da morte do corpo? A mente, que pode ser chamada de corpo de consciência, não é uma coisa simples, ela é também um composto de diferentes ideias derivadas de diferentes fontes e se tornou um sistema de energia correndo em vários sulcos e maneiras ou hábitos de pensamento. Como não é simples, tem sido organizada, porém, ao longo dos anos, como uma estrutura de ideias e hábitos semelhantes ao cérebro, ela também deve se desintegrar por estágios, na ausência da base que sustentasse a estrutura, ou seja, o corpo físico, as sensações e os estímulos que constantemente fluíam através dele.

Então o que permanece? O que pode permanecer é a pura consciência, que é básica, não tendo sido alterada, trabalhada ou organizada. É somente essa consciência pura que, sendo simples, pode ser considerada homogênea em sua simplicidade, e pode existir depois que todo o seu conteúdo, tudo o que carregava e possuía, a forma que assumira, se foi completamente. Será que essa consciência pura se dissipa tanto quanto fumaça, ou ela continua a existir mesmo quando todas as mudanças, as ações mecânicas e os hábitos cessarem? Pode ela mover-se em torno de um centro ou um eixo próprio como uma roda interna, mesmo que não seja mais movimentada por uma roda externa à qual estava conectada? Uma consciência desprovida de seu conteúdo, sem divisão dentro dela, sem organização, continua a existir, ou se dissipa devido à ausência de algo sobre o qual descansar? Quando não há uma base objetiva para isso, pode haver um centro subjetivo ao qual possa aderir?

Essa pergunta só pode ser respondida por aqueles que vivenciaram esse estado; não há outra maneira de ter certeza absoluta sobre isso. É preciso experimentar esse estado para saber que a consciência pode existir em sua pureza, em um estado imaculado. Pode-se argumentar que um adjetivo não pode existir sem um substantivo. Estar consciente é uma condição adjetiva. Qual é a natureza do substantivo que ele qualifica? É possível que, em última análise, o substrato do Universo seja apenas um Elemento ou Substância, usando esta última palavra em seu significado literal, da qual Espírito ou Consciência e Matéria são apenas dois lados; não a matéria como a conhecemos, mas a fonte dela ou o estado original do qual, por um processo de diferenciação e construção, todas as formas complexas foram construídas.

Nessa visão, que está de acordo com o ensinamento ancestral, pode haver centros de ação no que é chamado de Espírito, que são igualmente centros nesse meio original não sendo o centro de reações ou apegos, ou seja, o eu, como o conhecemos, mas um centro de ação marcado pela coerência lógica e harmonia, uma individualidade puramente espiritual. Pode haver uma consciência individualizada que não se acha separada dos outros, porque não se identifica com nada fora de sua natureza, não estando ela apegada a um passado. Pode tornar-se colorido e iluminado, quando se submete a um despertar para a verdade presente dentro de si e em todas as coisas, e ser capaz de agir em modos únicos de acordo com suas realizações, desenvolvendo ou evidenciando uma beleza própria. Isso e nada mais pode a palavra alma significar em um sentido puramente espiritual. Não pode ser comparado a uma roda que gira mecanicamente. A mente pode ser tal roda; mas a alma não é a mente mecânica.

Há a tremenda afirmação dita por Aqueles que falaram a partir dos seus conhecimentos, que esse estado de liberdade interior é possível de ser vivenciado, enquanto ainda vivendo no corpo. Aproxima-se a uma condição onde a consciência é como o espaço, uma expansão pura. Este estado ao qual estou me referindo pode ter muitas qualidades e ser capaz de agir de muitas maneiras, tudo inerente à própria fonte dessa energia universal, vida ou Espírito. Em sua pureza, a consciência é totalmente sensível, tendo a capacidade de conhecer. Reflete em si mesma a natureza do mundo exterior, mas também expressa o que é latente dentro de si, o que é latente não sendo da categoria da matéria, mas de liberdade, amor, e assim por diante, descrito como a natureza do Espírito, um princípio onipresente que não é produto da matéria ou das condições materiais. Não podemos provar a existência de um princípio não material por qualquer meio que seja material; intelectualmente, só podemos pensar nisso como uma hipótese ou postulado, mas é verificável pela experiência pessoal. Pode-se aceitá-la intelectualmente porque explica tantas outras coisas.

A matéria existe em muitas condições e é totalmente determinista. Toda forma de matéria surge e então deixa de existir. Mas essa teoria, que é muito antiga, postula em adição a todo o Universo da matéria com todas as suas propriedades, algo que podemos considerar como complementar a ela e autoexistente. Tem uma qualidade não refletida em qualquer condição de matéria, ou em qualquer estado de espírito com base na experiência no mundo da matéria e da sensação. Possivelmente é essa verdade que é colocada em forma teológica no Alcorão, onde se diz que o gosto de Deus, de Sua natureza, não existe em lugar algum. Essa natureza (que também é profunda dentro do ser humano) não pode ser imaginada, é diferente de tudo que experimentamos. Portanto, é dito que não é permitido fazer qualquer representação de Deus, Ele é irrepresentável.

Não precisamos interpretar essa afirmação literalmente, mas podemos dar um significado filosófico cheio de beleza e significado. Neste mundo da matéria tudo o que vemos tem um ponto de origem, é um produto de uma condição preexistente, mas há algo que pode ser subjetivamente conhecido como um fato, que é autoexistente, eterno, sem mudanças, sem começo e sem fim. Tem uma natureza completamente diferente do que podemos encontrar em qualquer lugar do Universo ou em qualquer condição da mente humana. A natureza desse princípio autoexistente é realizável nessa consciência, que é pura, totalmente sensível e receptiva. Se não foi possível realizá-la, então de qualquer modo não precisamos nos preocupar com isso. Mas este princípio universal é realizável em uma consciência purificada de todas as ideias preexistente em relação a qualquer coisa, e é completamente aberta. Então sua natureza se reflete nessa consciência, e mais do que refletida, torna-se Una com ela.

Este princípio onipresente é falado em diferentes termos e em diferentes religiões. Nós poderíamos chamá-lo de Princípio divino ou super-humano, *Ātman* ou Espírito, embora ambos os termos tenham tornado-se banalizados e desprovidos de seus verdadeiros significados.

Podemos considerar a consciência como o elo entre o Espírito e a Matéria existente em todos os lugares, e a vida, que é um fio que une diferentes estados de consciência, como decorrente de uma tensão existente entre esses dois polos. Quando falamos de Espírito, isto é subjetivo, algo a ser experimentado dentro de nós mesmos. Sua natureza é capaz de manifestar-se em um meio imaculado. Se este Princípio está em toda parte no Universo, então a consciência e a vida devem existir em cada ponto, e é realizado em uma consciência suficientemente desenvolvida e pura para recebê-lo. Ele pode então transmitir sua natureza a essa consciência. Tal consciência tem uma nova relação com tudo, ela responde a tudo de uma forma diferente de como um indivíduo em um estado de inconsciência responde e pensa. Todas essas respostas são um despertar para a verdade e constituem, em sua totalidade, um corpo de verdade, bem como, um corpo de consciência que não contém nada além da verdade.

É de tal consciência que podemos usar o adjetivo espiritual, porque expressa a natureza do Espírito ou sua própria natureza pura. É uma consciência que também responde à natureza espiritual subjacente a todas as formas de vida; porque é sensível e vê a beleza em tudo, ela tem a qualidade do amor. Seu conhecimento não é apenas da forma das coisas, mas também da vida contida nela. Alguém pode realmente conhecer algo quando o ama; se você não ama uma pessoa, você não pode conhecê-la. É preciso conhecer e amar, ao mesmo tempo, para saber de verdade. Mas esse amor não é apego ou preferências, porém, é como a luz que revela e, contudo, age, porque é também vida com todo o seu dinamismo, impregnada com essa luz.

Essa natureza do Espírito, por não ser um produto do passado, não existe por um processo de tempo. É atemporal. O que é autoexistente deve ter uma natureza que não esteja sujeita a mudanças no tempo e mortalidade, uma natureza que seja sempre fresca, sempre nova, não decadente, a única coisa imortal em um mundo mortal, capaz de beleza infinita e de infinitos modos de ação.

Atividade da mente[2]

Cada homem é uma entidade de consciência envolta em matéria que, em uma visão simples, como organizada, pode ser considerada seu corpo físico.

Essa entidade de consciência, obviamente, funciona em diferentes níveis, não apenas no nível físico, mas também emocionalmente, mentalmente e talvez de outras formas. Fisicamente, a característica da consciência é a senciência — o registro de sensações que ocorre através dos diferentes órgãos dos sentidos. Estou consciente de que estou sentado em um pedaço de madeira, que estou entre árvores, que estou cercado por pessoas. Todos esses objetos pelo modo como eles me afetam, eu os percebo através de diferentes sensações, que são todas as formas de conhecê-los através da instrumentalidade dos sentidos. Você está consciente de que o chão é duro, que alguma outra coisa é macia, que o céu é azul, as árvores são verdes e amarelas, e assim por diante. Agora, você verá, se você excluir cada pensamento intruso, que a consciência consiste estando apenas consciente — você

---

[2] Esta palestra foi realizada na Convenção Australiana em Broken Bay, em abril de 1965, e está reproduzida na forma em que foi dada.

sabe, isso é tudo o que há para ser conhecido. Isso soa como um truísmo terrível, mas se focarmos a atenção nessa verdade seremos capazes de aprender muito com ela.

Como eu disse, estou consciente de todas as coisas ao meu redor, dos vários rostos, suas expressões, e essa consciência do que está diante de mim não requer esforço. Não preciso exercer minha vontade de tornar-me consciente. É como abrir meus olhos, então eu vejo. Quando estou apenas consciente, não há atividade de pensamento, nenhum jogo de atração ou repulsão. A palavra a ser usada em relação a este estado é percebimento[3]. Certas coisas existem como fatos, eu estou ciente delas. Esta condição é puramente negativa, ou seja, se não houver perturbação pela atividade do pensamento, não há interjeições de tipos diferentes, como "eu quero isso, eu não gosto disso", e assim por diante.

Essa negatividade é como um espelho no qual os objetos presentes são refletidos. Você segura o espelho — ou seja, o espelho da própria percepção, do puro percebimento — e quaisquer objetos que possa existir, são refletidos nele. O espelho não tem que se decidir para refletir, não tem escolha. Se você colocar um espelho suficientemente grande, toda a cena será refletida nele.

A palavra "negativo" é frequentemente usada em um sentido depreciativo; o "positivo" é pensado para ser o bom, o útil, e o "negativo", o ruim, o obstrutivo. Mas estou usando a palavra negatividade em um sentido científico. Não é

---

[3] Em inglês *awareness*, sendo o estado de estar consciente de alguma coisa. Mais especificamente, é a capacidade de conhecer e perceber diretamente, sentir ou conhecer os eventos. Aqui será traduzida como "percebimento" ou simplesmente percepção. (Nota Ed. Bras.).

inércia; não é vácuo ou imprecisão; essa negatividade é pura sensibilidade.

Eu comparei o percebimento com um espelho e disse que o espelho não tem escolha. Mas nós temos escolha, ou melhor, a consciência tem escolha. Pode ou não prestar atenção. Pode estar em contato com as coisas em sua frente, por assim dizer, ou ela pode retirar-se total ou parcialmente. Eu posso estar acordado; eu posso afundar no sono ou inconsciência. Então, há o jogo de vontade, obviamente, nessa medida. Eu posso abrir meus olhos, eu posso fechá-los. O que decide essa escolha é a vontade ou o desejo.

Normalmente, o que chamamos de vontade contém fatores de desejo. "É minha vontade", nós dizemos, e a impomos sobre os outros; somos obstinados, insistentes, nós nos afirmamos. Por que fazemos tudo isso? Porque há por trás disso algo que queremos, algo que desejamos, ou que não gostamos. Há quase sempre elementos de desejo no que escolhemos chamar de vontade. O elemento vontade é muito diferente da natureza da sensibilidade. Quando você usa sua vontade, ela é positiva, age e decide, enquanto o percebimento é negativo, sendo puramente receptivo. Essa é uma diferença importante.

Na constituição do ser humano há uma natureza de sensibilidade que é passiva, receptiva; que registra tudo de uma forma extraordinária, e há a vontade que se manifesta, que determina, que age a cada instante de uma maneira particular, e produz uma mudança na condição da consciência. Essa vontade penetrará, como será mostrado, em cada atividade da consciência, a qual devemos distinguir da mera receptividade, que é passiva, e como um reflexo. Na verdade, a sensitividade e a vontade são complementares, assim como o círculo e o seu raio. Eu estou introduzindo este símile porque você verá que ele é iluminador. O círculo é uma expansão, seja lá qual possa ser o seu tamanho. A consciência também é uma expansão, ela cobre um campo, grande ou pequeno. Neste momento, se eu estiver suficientemente desperto, minha consciência pode tomar tudo o que está diante dela, exatamente como se fosse uma placa fotográfica que reflete tudo, incluindo os objetos minúsculos, com objetividade absoluta. Mas o raio é apenas uma linha única que é direcionada para certo ponto da circunferência. Obviamente, se um círculo pode tornar-se menor ou maior, de acordo com as exigências, este raio, embora direcionado a apenas um ponto dentro do plano do círculo em um determinado momento, pode cobrir todos os pontos mudando sua direção.

Há um pequeno ponto de grama marrom ali, minha atenção está direcionada para ele. A relação da minha consciência com esse ponto em particular faz um raio. A atenção é direcionada para essa parte e exclui todo o resto. Ela está indo em uma direção. Mas a atenção pode mudar dessa direção para outra. Ela pode apontar para uma coisa dentro do círculo em um determinado momento, mas no momento seguinte pode mudar para outro ponto, e de lá para outro. É como se o raio constituísse direção, e a direção é deslocada pela ação da vontade.

Quando estou consciente de algo espalhado no espaço, esta cena, por exemplo — o céu, as árvores, a água, as colinas, o chão, todos nós aqui — podemos considerar o todo como uma espécie de mapa com vários detalhes. Estou ciente de que há tudo isso, e também estou ciente de que há diferentes partes, tantas camadas de grama, tantas folhas caídas, as cadeiras individuais, e as pessoas, e assim por diante. Meu percebimento inclui o todo e as várias partes.

Enquanto eu esteja consciente dessa maneira, eu também posso voltar minha atenção inteiramente para uma parte específica, e não incluir outros objetos em meu percebimento. Consciência é uma coisa muito manejável. Você pode expandi-la para cobrir muitos objetos, você pode contraí-la a um pequeno ponto. Você pode excluir ou incluir. Eu posso me concentrar em um rosto em particular nesta audiência, ou em apenas uma cor. Ao fazê-lo assim, é o elemento vontade que opera. O raio de que falei é como um raio de luz, ele incide primeiro em um ponto e avança para outro. A natureza da ação, que é a vontade, é a de causar um movimento, uma mudança.

O arremesso do raio, que é uma atividade no campo da consciência, pode ser extremamente rápido e cobrir muitos pontos. É algo parecido com o que acontece na televisão. Você acha que está olhando para uma foto. O fato é que os pontos dessa imagem são iluminados por uma linha de luz, mas esta linha se move com uma rapidez tão extraordinária, que você é incapaz de captar os intervalos do tempo e, portanto, a coisa toda aparece como uma imagem. A mesma coisa acontece no processo do pensamento.

Quando você examina o processo do pensamento, que é uma atividade positiva, a vontade está agindo o tempo todo. A atividade consiste em uma série de etapas. Cada etapa tem que ser iniciada por um impulso, embora por mais rápido e fácil que possa ser. O que é impulso no campo físico é a vontade ou a força da inclinação no campo da consciência. No processo de pensar, embora você possa não estar ciente desse fato, existe esta vontade agindo o tempo todo, mudando de uma imagem para outra. Ela age entre as imagens na consciência, no campo da memória. Se não houver memória, você não pode pensar, porque não há campo em que este raio, este curso de luz, possa atuar.

Consciência é uma coisa extraordinária. Em sua natureza essencial é como um negativo fotográfico, receptivo e impressionável. O astrônomo moderno percebe muitas coisas por meio de seu negativo, que é tão sensível que registra objetos no espaço demasiadamente minúsculos para nossos olhos. A consciência de cada um de nós retém as impressões que recebe, em alguns de seus aspectos básicos, indefinidamente. Essas impressoes recebidas no curso da vida também são registradas no cérebro, e o que é registrado lá ou pelo menos partes dela podem ser trazidas para o nível da mente consciente por um processo puramente mecânico. Não sabemos a natureza da conexão ou dos elos existentes entre a matéria nos diferentes estágios de sua derivação a partir de sua concebível forma original e da consciência concebida como algo de uma categoria bem diferente da matéria e complementar a ela. Podemos conhecer a natureza desses vínculos só como existência de um estado de liberdade dentro de si mesmo, que está na nossa consciência, a partir das limitações às quais importam nessas diferentes etapas que se impõem a ela.

As impressões formadas no cérebro só podem continuar por um período de tempo, porque o cérebro é constituído de matéria, e tudo que é formado de matéria deve chegar a um fim. Porém, a consciência não é da natureza da matéria como a conhecemos, mas há certo aspecto dela que é da natureza de uma substância, apesar de extraordinária, além disso, possivelmente, a fonte de toda a matéria. O que é registrado nela, com grande exatidão, pode ser indefinidamente retido. O que é chamado de Ākāsha é a fonte e base comum da consciência, bem como a vida e a matéria, capazes de receber e reter uma impressão de tudo o que existe e ocorre. As impressões do passado constituem a memória do indivíduo consistindo de partes facilmente recordáveis e partes profundamente submersas.

Quando dizemos memória, não é apenas a memória de ontem, do ano anterior, e assim por diante. É também a memória do que ficou gravado no segundo anterior. Mesmo isso está na sombra da memória. O lápis de luz se move no campo de várias imagens convocadas no processo de pensamento. Ele age como se mudasse essas imagens para diferentes posições relativamente de umas para as outras. Eu digo "como se mudasse", porque eu não acho que realmente as imagens mudam, não podem, mas podem mudar a si mesmas e, portanto, parece que estão deslocadas; mas isso está entrando em uma sutileza adicional.

Este é um assunto difícil, tão intrincado e sutil; tudo o que podemos fazer é tentar entendê-lo em seus diferentes aspectos. Nossa compreensão dessas questões é muito imperfeita, e deve haver muito mais para saber.

Quando as imagens no campo da memória são deslocadas, surgem diferentes relações entre elas, e a mente em seu aspecto de negatividade observa essas relações. Por exemplo, a distância entre dois objetos é bastante grande; colocado ao lado de outra linha ela parece ser mais curta, e assim por diante. Todo o movimento é a atividade do pensamento com base na memória; ele envolve comparação, raciocínio, lógica e inferência.

Diferentes elementos estão presentes na consciência, diferentes sensações, cores, ideias, experiências, formas e assim por diante. Todos eles são dispostos de várias maneiras, como se fossem deslocados, e, dessa forma, eles são construídos em imagens, figuras, estruturas, edifícios, e esse é o ato de imaginação ou criação de imagens. Toda a atividade é extraordinária. O lápis da luz se move e gira em torno de si próprio, de tal forma que, por sua própria atividade, parece mover todo o campo, todas as imagens nele contidas, em novas relações, em uma variedade de construções. Esta atividade ocorre com velocidade relâmpago em nosso pensamento comum. Claro que a velocidade de um relâmpago pode ser medida, mas essa atividade não pode ser medida, ela pode ser instantânea. Embora não estejamos conscientes disso, porque é demasiadamente fácil, e ela está ocorrendo em nós o tempo todo.

A vontade é normalmente considerada como parte da mente, mas é necessário fazer uma distinção entre sensitividade e vontade, e também entender a natureza dos sentimentos, os quais são considerados, da mesma maneira, como parte da mente. Sentir, quando está sentindo a natureza de algo, como quando você sente com a mão a textura de um pano, é uma forma de sensibilidade — é o aspecto negativo da consciência. Mas usamos a palavra "sentimento" também para incluir reações pessoais. Assim, os sentimentos têm significados diferentes. Eu sinto o prazer do ar, a beleza do céu, e também certa repulsa ou reação de medo. Estes são diferentes tipos de sentimento. Quando você sente a natureza de uma coisa, passivamente ou em silêncio, você está ciente de algo que existe.

Agora chegamos a certas complicações que surgem devido a outro fator, que é o apego ou o desejo. A consciência implica, literalmente, experimentar os fatos sobre o que quer que seja, o que quer que exista. Ela registra também os fatos de prazer e dor. Eu toco em algo quente, há uma sensação de dor. Eu gosto de algo bom, há prazer. São sensações, da categoria do conhecimento, mas em vez de apenas registrá-las, a consciência se apega a certas sensações e repele outras. Isso é, naturalmente, bem conhecido por nós. Repulsão também é uma espécie de fixação que é o apego, por isso podemos chamar todo o fenômeno, incluindo todas as formas de repulsão, como o fenômeno do apego. O medo é uma forma de repulsa, mas ele agarra-se a algo, e torna-se uma obsessão.

Quando dizemos apegado, o que está apegado à quê? É o apego da consciência em sua natureza inerentemente incolor ou cristalina, a natureza de saber; apego às sensações, que são uma experiência de algo particular. Açúcar é doce. A consciência, que em si é incolor, está ligada a essa sensação que é doce, mas essa sensação também é uma forma de consciência. Então, o que é em si mesmo sem forma se apega a algo particular que tem forma e definição. De qualquer forma, parece que sim. Nós não vemos essas coisas suficientemente claras, primeiro porque não prestamos atenção; em segundo lugar, nossas mentes não são rápidas e livres o suficiente para entrar nas nuances das mudanças em nós mesmos e nas transações entre nossas mentes e o mundo exterior.

O apego é automático. Você tem uma lata de nozes, você coloca uma em sua boca e morde, você tem uma sensação agradável. Sem que você saiba — você pode estar absorvido em um livro — o consciente estar preso a essa sensação. A partir do apego surge o desejo que motiva a vontade de colocar os dedos naquela lata e levar outra castanha à sua boca. Então continua, e quando você tiver terminado metade do seu livro, você pode ter terminado metade da sua lata. A ação é automática, quando você não presta atenção a ela; mas quando sua atenção é voltada a ela, você começa a pensar:

"Devo continuar comendo? Talvez eu devesse parar". Isso quebra a continuidade.

Esse automatismo continuará enquanto não tivermos consciência de nós mesmos, de como somos afetados, e de como agimos; continuamos agindo como se fôssemos uma máquina que está agindo e não uma inteligência livre. O que acontece, além disso, é que um apego está constituído, depois outro, por associação, depois um terceiro e, portanto, toda uma série; finalmente, todo um sistema de apegos é estabelecido em nossa natureza. A pessoa está sempre ligada a uma sensação, depois a uma pessoa ou algo que proporciona essa sensação e, então, a tudo que pertence a essa pessoa ou coisa. O sistema construído é como uma máquina; é como se várias hastes fossem conectadas umas às outras, de modo que quando você move uma delas, há um movimento no sistema por parte de todas as outras. O centro deste sistema é o "eu". Tem que existir um centro de movimento, um pivô no qual toda a engenhoca gira, um ponto no qual cada força colide, e novas direções de movimento são causadas. A fórmula que resume suas variadas atividades é "eu quero". O desejo é a ação que surge do apego; o "eu" é o sujeito, que é o ego ou *self* (no sentido comum). É somente enquanto houver o querer que existirá o "eu". Um apego deve ter duas extremidades. A extremidade mais distante é o objeto que é perseguido, aquele que proporciona a sensação; esta extremidade é o "eu", o centro aparentemente permanente. A fórmula funciona de formas variadas: "eu gosto de comida", "eu gosto de elogios", "eu gosto de importância", e tantas outras coisas. Talvez "gostar" não seja a palavra certa; "querer" é melhor, porque você pode gostar de uma coisa, registrar sua satisfação, e ainda assim não pedir por ela.

Existe apego em nossas vidas, em algum grau, a cada experiência que se incorporou. Cada apego é como um fio no campo da consciência, lançado em um ponto ou sensação em particular, ou em uma determinada imagem. Quando este fio, filamento, vamos chamá-lo assim, é galvanizado, quando uma corrente passa por ele, então há um puxão, e esse puxão é o desejo. O apego é a forma passiva de desejo, e há sempre muitos fios na natureza de uma pessoa que são puxados em direções diferentes. Eu disse que toda repulsa pode ser considerada como uma forma de apego, pois você está preso às coisas que você repele, às pessoas que você odeia e à imagem que teme. Quer seja ódio ou medo, ganância, ambição ou desejo, o fio e a tensão estão lá.

Estes puxões são de intensidades variadas e geralmente não são percebidos; eles agem de maneiras tortuosas. Estamos tão identificados com essa condição que não conseguimos perceber o que está acontecendo. Quando estamos identificados com alguma coisa, não estamos conscientes disso. Eu sento nesta cadeira. Se ela fosse perfeitamente confortável, e eu me encaixasse perfeitamente nela, descobriria que depois de um tempo estaria totalmente alheio à sua existência. Tudo com o que você está completamente identificado ou ajustado não é um objeto de conhecimento; você — o sujeito — não presta atenção a ele.

Quando esses fios, tão emaranhados, puxam a consciência de formas diversas, todo o campo dessa consciência, o *continuum*, fica distorcido, amassado, tornando-se completamente irregular. Isso é o que acontece com todos nós, em algum grau, e isso é o que somos, embora possamos não perceber isso. Quando esse campo é levado a um estado de deformação pelas tensões, estresses e pressões, ele não é mais um espelho verdadeiro. Eu o chamo, inicialmente, de um espelho no qual as coisas são refletidas como elas são, isso é, o que deve ser, mas quando ele não é mais verdadeiro, imagens distorcidas são mostradas. Você pode dizer: "Não, eu vejo esta árvore muito bem, não há distorção na minha consciência". Sim, em relação à árvore; existe muito de veracidade em nós. Se deixarmos de ver a árvore como uma árvore, e imaginá-la como uma onda no oceano, então é claro que não podemos viver neste mundo. Vemos as coisas como elas são, mas apenas até certo tempo. Mas o espelho mostra imagens distorcidas dos personagens e dos motivos das pessoas, das situações, de tudo o que ocorre no campo da consciência, embora não de coisas do mundo físico que sejam inexoravelmente objetivas e não podem ser tratadas com impunidade. Não é mais um negativo limpo e translúcido. Tantas impressões têm-se derramado sobre ele. É claro que ele é destinado a receber impressões, mas elas não somente se derramaram sobre ele, mas permaneceram retidas lá, devido ao processo de fixação, o espelho agora é sobreposto por uma sombra espessa, sobre aquilo que ele é em sua pura natureza essencial.

Nós não conhecemos esta natureza essencial pura, na qual podemos dizer que estamos enraizados, porque tornamo-nos muito modificados. Você pode ter água corrente clara, mas se a água misturar-se com muita lama e outras coisas, e finalmente congelar, e se este bloco congelado ficar fissurado em vários pontos, então pedaços de gelo duro seriam vistos em várias formas, misturados com matéria estranha; não é mais a água cristalina que flui lindamente, suave e nivelada.

Se nos tornamos algo diferente do que éramos originalmente, e do que poderíamos ter continuado a ser, poderá isso tudo ser desfeito? Como podemos recuperar essa natureza em que pode haver o sentimento de extrema liberdade com sua sensibilidade inerente? Só pode ser desfeita através da compreensão de toda a condição e processo — através do autoconhecimento, da consciência, da compreensão. Percebimento é o registro daquilo que é, e o que ocorre em sua objetividade. A compreensão inclui perceber o significado de tudo o que acontece. Autoconhecimento é voltar a atenção para os processos que constituem o eu e conhecer a natureza desse eu constituído. Até então, não podemos saber o que significa liberdade, nem a extraordinária sensitividade que a acompanha.

O fato é que (falo, é claro, hesitantemente) a consciência é a própria sensibilidade. Quando dizemos que a consciência é sensível, há certa redundância nessas palavras. A consciência modificada, tal como a encontramos em nós mesmos, pode ter diferentes graus de sensibilidade. Dessa consciência, é claro, é permitido dizer que é menos ou mais sensível, sensível a isso, não àquilo. Mas a consciência, em sua natureza essencial, a própria substância dela, é a própria sensibilidade, não há distinção a ser feita entre as duas. Em sua própria natureza, que, como eu disse, é amorfa e, portanto, não limitada pelo espaço, e capaz de onipresença, é sensível a tudo o que existe e o que se passa neste Universo extraordinário. Tudo o que existe significa não apenas coisas materiais, objetos concretos, mas também todo o reino do pensamento, sentimento, significância e beleza. Pode haver sensitividade aos sentimentos, às expressões na face de algo ou de alguém, à proporcionalidade, à harmonia, que podem existir em inúmeras formas, a todo o Universo em seus aspectos subjetivos e objetivos. Objetivo significa o que você vê fora de si mesmo; subjetivo significa aquilo que você pode experimentar apenas dentro de si mesmo; na própria natureza da consciência — a espiritual e a psíquica. Há a possibilidade de conhecer tudo o que existe, responder a essa possibilidade e experimentá-la. Embora não conheçamos a possibilidade como um fato, ainda assim é uma ideia iluminadora, lógica e satisfatória para o senso de adequação e completude.

Usei as palavras espiritual e psíquica; sabemos o que é espiritual apenas experimentando-o. Podemos conhecê-lo não como algo apartado de nossa consciência, mas uno com ela. É o que chamamos de Espírito distinto da matéria, uma natureza, ou é um poder ou é um princípio? É a beleza que é experimentada nesses movimentos de consciência, por mais infinitos que sejam, podendo ocorrer sem modificar sua natureza inerente? Talvez seja tudo isso, não sabemos. Por ser tão subjetivo, tem que ser uma questão de descoberta de cada um, individualmente; para nós, é o desconhecido. Isso tem sido falado em vários termos. Se considerarmos a consciência e também a vida como decorrentes da relação entre o Espírito e a Matéria, devemos considerar a consciência como próxima do Espírito, mas condicionada, definida e limitada pela Matéria. A matéria é o meio ou modo de expressão. O espírito é algo cuja natureza ou ação está sendo expressa através de formas apropriadas. A experiência dessa natureza ou ação também é verdade. Em última análise, consciência e Espírito são um só, porque ela é então identificada com o Espírito, não com a matéria. Quando dizemos que Consciência e Espírito são um só, a imagem que é evocada é de unidade, mas também pode ser de um infinito, desconhecido para nós. Estamos usando termos com significados, nos quais podemos apenas perscrutar "como em um vidro escuro".

O homem como um corpo de consciência

Há muitos problemas, relacionados com nossas vidas, que podem ser compreendidos, desde que tenhamos uma concepção adequada do que o indivíduo realmente é, ou seja, o que cada um de nós é. Eu diria que, antes de qualquer coisa, devemos compreender que o ser humano não é apenas o corpo que usa. Isso é relativamente fácil de entender, mas perceberemos a força desta afirmação somente quando deixarmos de estar tanto à mercê das necessidades e dos impulsos do corpo. Se pudermos libertar-nos até certo ponto de seu domínio, então saberemos, por nós mesmos, que o indivíduo não é a sua vestimenta física, que é apenas um instrumento; ele é mais verdadeiramente um corpo de consciência. Isso é declarado em termos muito simples em *Aos Pés do Mestre*[4], que diz que você não é o corpo; o corpo é um cavalo, que você deve cuidar adequadamente, treinar e usar.

A frase "um corpo de consciência" não significa necessariamente um corpo organizado como o corpo físico com olhos, ouvidos e outros órgãos. Quando um clarividente

---

[4] KRISHNAMURTI, J. *Aos Pés do Mestre*, Brasília: Editora Teosófica, 9ª ed., 2018. (Nota Ed. Bras.)

olha para um ser humano, ele pode ver uma réplica do corpo físico dentro de sua aura, mas isso é apenas um reflexo da vestimenta física; ele pode ver isso, mesmo após a morte do corpo, por algum tempo. Quando o indivíduo morre e o que sobrevive renasce, a figura no centro da aura será um reflexo do novo corpo físico, pois é uma espécie de agregação que passa a existir dentro da aura devido à atração das partículas físicas.

Na frase "um corpo de consciência" a palavra "corpo" tem o sentido em que, diríamos, "existe um corpo de conhecimento" pertencente a um determinado assunto. Se pudermos separar-nos mentalmente do corpo físico, o que resta? Qualquer resposta à pergunta, em termos convencionais do que lemos, por exemplo, de que existem os corpos, o astral e o mental, não representaria a própria compreensão, que por si só iluminará o significado por trás das palavras. O que podemos perceber por nós mesmos é que, quando se é despojado de um corpo físico, ainda existe esse corpo de consciência. Podemos imaginar um ovoide como um símile material. Muitas vezes, é preciso usar um símile para se referir a fatos que não são observáveis. A aura de um ser humano pode ser vista, dizem, como um ovoide. Mas a consciência em si não tem forma; a palavra é realmente um adjetivo usado como um substantivo. Você está consciente de algo, você percebe, e essa ação de percepção não tem uma forma. Podemos nos referir a uma qualidade, e dizer "é a qualidade da espiritualidade ou do amor", mas espiritualidade e amor não são entidades, elas são em si mesmas sem forma. Do mesmo modo, a consciência, que é a capacidade de estar cônscio de coisas diferentes, não pode em si mesma ter forma. A aura, que é uma emanação, uma série de vibrações, pode ser vista, ela tem forma e cores; as cores e linhas na aura são os efeitos da ação da consciência em um determinado meio, uma representação do estado em que se encontra.

Este ovoide não é normalmente um espaço em branco, ele está cheio de ideias sobre todos os tipos de assuntos. As ideias variam de pessoa para pessoa, e não são ideias apenas em questões de religião e filosofia, mas também sobre outros assuntos: políticos, econômicos, relações humanas, os direitos que uma pessoa deve desfrutar, como deve se comportar, e assim por diante. Podem ser falsos ou verdadeiros, feios ou bonitos. Em grande parte, os indivíduos são semelhantes dentre os membros de um grupo, e variam de um grupo para outro; mas em determinados pontos descobriremos que cada um tem suas próprias ideias. Se você mencionar a relação entre homem e mulher, cada um terá certas ideias próprias sobre isso. Podemos pensar na consciência de um indivíduo, com todo o seu conteúdo, como uma espécie de saco misto, sendo o conteúdo as ideias presentes nele. Portanto, não é apenas um ovoide, mas um ovoide cheio de imagens, cada ideia tendo uma forma e qualidade particular.

Além disso, a consciência de uma pessoa ou ovoide se torna dividida e quebrada. Essas divisões, o rompimento em partes, podem ser conhecidas como sendo um fato da própria condição de nossas mentes. A vida é uma luta, não apenas com as circunstâncias, o ambiente, mas também porque nossas mentes são puxadas em direções diferentes. Este é o caso na maior parte do tempo. Nós queremos ser generosos, e dar algo que temos para o outro; esse é um impulso que muitas vezes experimentamos. Ao mesmo tempo, pode haver o prazer de possuí-lo e o desejo de mantê-lo para si mesmo. Podemos querer doar porque queremos ver prazer no rosto do outro, e algumas vezes para impressionar outras pessoas com nossa generosidade ou para conquistá-las. Frequentemente a generosidade está misturada com diferentes motivos. Podemos querer desfrutar de certo prazer, qualquer que seja sua natureza, e ao mesmo tempo sentir que não devemos apreciá-lo devido às dificuldades que podem surgir. Antecipamos as consequências e, quando as contemplamos, a mente é empurrada em uma direção diferente. Estamos constantemente experimentando essas forças opostas. Existem tais reações, grandes e pequenas, às quais estamos sujeitos, o tempo todo. Podemos não perceber, mas se prestarmos um pouco de atenção, ficaremos conscientes deste fato. Tudo isso deve inevitavelmente ter um efeito que vai além do que pensamos, e isso deixa sua marca naquela coisa mais impressionável, a consciência humana. Cada impressão feita sobre ela, seja profunda ou superficial, permanece de algum modo, e afeta seu caráter e ação. Também reagimos a impressões das quais não estamos cientes no momento, mas que o psicólogo moderno sabe que podem ser lembradas. Descobriu-se que um sujeito, em estado de hipnose ou quando submetido à estimulação de certos centros cerebrais, pode recordar tais incidentes e reações. Este é um fenômeno extraordinário, e mostra que a mente e o cérebro não estão apenas interligados, mas existem em camadas e estratos dos quais sabemos muito pouco.

Então, há hábitos de pensamento e emoção que são formados por cada um de nós. Um hábito é uma repetição de tudo o que fazemos, incluindo pensar, que é a ação de certas forças dentro de nós mesmos. Nada pode acontecer na Natureza ou na natureza humana sem o trabalho de certas forças que produzem esse resultado. Mas quando essas forças operam, parando e começando, novamente e novamente, há um hábito de pensamento ou corpo. Quando algo acontece de forma automática e continuamente, significa que essas forças estão se movendo em um ciclo. Quaisquer que sejam as forças que causam essa ação, elas se movem em algum tipo de curva fechada que tem sido formada.

Por causa de todas essas forças, as pressões que exercem, o peso das diferentes ideias que carregamos, as influências das impressões recebidas, não há mais um ovoide claro, suave, bem definido, mas uma imagem confusa com bordas difusas e irregulares. Cada imagem tem não apenas uma forma, mas sua qualidade — amor, ódio, beleza, feiura, e assim por diante — e a qualidade pode ser pensada por nós em termos de cores, tons e talvez também outras classes de percepção sensoriais.

Pode parecer que estou descrevendo as mudanças na aura. Eu não estou. Estou me referindo totalmente às mudanças na consciência. É um fato notável que o que foi descrito como fatos objetivos em livros como *O Homem Visível e Invisível*[5] corresponde muito de perto a mudanças observáveis em nossa própria consciência. Sem olhar para as imagens, você pode, ao dar atenção à sua própria mente e sua ação, sua condição real, vir a conhecer a sua natureza. Existe essa correspondência entre o que é observável, a imagem objetiva, e o que é subjetivo e sem forma para a visão externa.

Cristo usou as palavras: "se não vos tornardes como as crianças, não entrareis no Reino dos Céus" [Mt 18, 1-5.10.12-14]. Esse Reino não é uma região, mas um estado de espírito

---

5 LEADBEATER, C. W. *O Homem Visível e Invisível*, São Paulo: Ed. Conhecimento, 2009. (N. Ed. Bras.).

e coração no qual se vem a conhecer suas ilusões e a perceber a verdade, na qual são incluídos significados não imaginados por nós. Este estado somente será alcançado com uma natureza que seja pura e inocente, como a de uma criança. A grande mudança que deve ocorrer é a da condição em que nos encontramos para o estado original da consciência. Essa mudança deverá ocorrer bem mais tarde, em todo ser humano que não tenha perdido completamente a capacidade para isso. Ela deve começar com um despertar para sua própria condição atual.

Pode-se perguntar: se vamos liquidar toda essa condição, que veio à existência, não perderíamos então as capacidades que foram desenvolvidas, não nos livraríamos do bom e do ruim, do bonito e do feio? Não estaríamos realmente "jogando fora o bebê com a água do banho"? Não, o "bebê" não pode ser jogado fora porque ele é realmente um filho do Espírito. Uma vez reveladas, as faculdades do Espírito, ou melhor, da Inteligência que é uma expressão do Espírito, elas permanecem a seu serviço. Uma vez manifestada, há sempre uma linha de ação aberta à possibilidade de novamente manifestá-las. Mesmo antes do desabrochar, deve ter havido essa potencialidade. Mas quando essa potencialidade é despertada, ela pode entrar em ação de forma extremamente rápida.

Uma pessoa pode muito laboriosamente aprender a técnica do canto, entretanto, uma vez que ela tenha se tornado um verdadeiro músico, a qualquer momento ela pode produzir a música que conhece, e se desejar fazê-lo, a música sairá instantaneamente; ela também pode criar novas músicas. Mas quando suas faculdades não estão em ação, elas permanecem silenciosas e à vontade. Essa seria a condição de quem pode ser descrito como um mestre-artista. Aquele que é capaz de criar, que pode ser considerado como um gênio, que deve permanecer interiormente silencioso e quieto quando não está criando. É somente nessa condição de silêncio que algo totalmente novo pode surgir. Uma pessoa pode cantar da maneira como foi ensinada, pode fazer variações sobre o que aprendeu, e isso requer apenas certa capacidade; mas quando algo é produzido a partir das profundezas da criatividade, em que não há movimento aparente, mas apenas silêncio, não será uma imitação do que já foi produzido, mas será algo novo. Em tal silêncio e quietude a consciência recupera sua unidade e totalidade.

Embora a consciência torne-se quebrada e dividida, essencialmente sua natureza é um todo, tem uma unidade inerente que se afirma. Ela pode recuperar a unidade, seu caráter original, somente quando se coloca em uma condição interna que está livre de todo estresse e tensão. Quando a mente está inquieta, constantemente ativa, sem qualquer objetivo, quando está fazendo barulho o tempo todo, então aquela grande chance, que é um retorno ao estado original, não pode acontecer. A mente a recupera apenas ao livrar-se do seu fardo, libertando-se da tensão e das pressões que são mantidas por seus apegos.

A mente que desenvolveu o caráter de um disco gravado de gramofone que deu errado, com todos os tipos de caminhos e sulcos, é dividida de forma cruzada e exibe várias cicatrizes e marcas, é totalmente restaurada ao estado imaculado quando as acumulações e os apegos são completamente descartados. Esta queda tem que ser um ato de livre-arbítrio, de vontade sem esforço. Se você disser, "vou largar isso", você talvez o faça por enquanto, mas a condição anterior retorna rapidamente com a força prévia. Você pode ter certo desejo que o incomoda e o domina, e deseja acabar com ele; então você diz: "a partir de hoje, a partir desta hora ou deste momento, eu vou largá-lo" você faz um ato de vontade, mas descobrirá que ele só é empurrado para baixo temporariamente e logo retorna; você empurra-o para longe, e ele volta.

Deve-se desistir do desejo, do hábito, do apego, ou do que for visto como o criador do problema, da liberdade interna, sem qualquer batalha, qualquer tipo de violência, isento de uma compreensão profunda. O que é, portanto, afastado, não incomoda mais. Pode-se chamar isso de ato de vontade, mas é sem esforço, livre, é uma ação de deixar-se facilmente ser levado. Ele surge apenas a partir de uma compreensão madura e verdadeira da condição em que se encontra, da forma como foi construída, com todas as suas implicações para si mesmo e para os outros.

Quando a consciência ou ovoide não é preenchida com uma quantidade de imagens, torna-se translúcida porque ela então está aberta à luz; está em um estado de vacuidade. Há uma escola de filosofia entre os budistas, centrada em torno das doutrinas da vacuidade, em que não há nada permanente, tudo é vazio, e quando você procura algo dentro desse vazio, não há nada. Pode não haver nada que possamos identificar, mas ainda pode haver a potencialidade que está incorporada no ser humano e na vida. Quando a consciência está vazia, desnudada, ela se abre e, assim, se enche com a luz da compreensão e do entendimento, com toda a beleza que há nela. Quando a consciência é um todo, não sofrendo pressão de fora ou de dentro, ela está em seu estado natural, e é capaz de agir dentro de sua capacidade total. Normalmente, quando pensamos, ouvimos, agimos ou nos interessamos por algo, fazemos isso apenas com uma fração da nossa capacidade; este é um fato psicológico observado. Mas quando há alguma crise, reunimos toda a energia de que somos capazes, e enfrentamos todo o problema com todos os nossos recursos internos.

Descobriu-se que as pessoas que passaram por experiências drásticas, muito dolorosas e torturas, de uma maneira que antes teriam considerado impossível, teriam falado e escrito que estavam felizes em sentir que poderiam suportá-las. Pessoas que passaram por um campo de concentração, por exemplo, sentiram internamente uma força que não conheciam antes. Este não é, naturalmente, um argumento para cortejar ou infligir dor, mas mostra que o ser humano tem muito mais capacidade interna, até mesmo física, do que ele pensa ter, porque usamos apenas uma fração dessa capacidade.

Pensando na consciência de um indivíduo como um ovoide, quando um determinado ato focaliza uma energia que flui de cada parte do ovoide, toda a natureza de si mesmo é nele expressa. Esta é apenas uma maneira de expressar a verdade. Um símile é útil apenas na medida em que ele é aplicável, ele é meramente ilustrativo, um meio de transmitir certos fatos que não podem ser transmitidos de outra maneira. Todas as pessoas que falam sobre assuntos espirituais usam imagens poéticas, símiles e metáforas porque não há outra maneira de transmitir a verdade em relação a elas. Há uma frase: "a fragrância de uma vida santa". Será que uma vida sagrada produz fragrância sensível ao olfato? Isto significa que há um efeito, uma influência sentida, que é semelhante à fragrância no nível físico. Tais frases extraídas de fenômenos físicos são usadas em referência a algo em um nível diferente.

Este ovoide da consciência, que pode ser imaginado como vazio, preenchido com luz, e tem uma potencialidade desconhecida, também está preenchido com o elixir da vida, ilustrando assim a verdade de que a consciência e a vida são na verdade unas. Isso é explicado pela Dra. Annie Besant em *Um Estudo Sobre a Consciência*[6]. Quando o ovoide que é preenchido com luz — a luz que brota de dentro — está em ação, ele exibe várias qualidades ou cores. A cor passa a existir através de vibrações irradiadas pelo indivíduo; essas vibrações sao portadoras de energia, e ela é a energia da vida. Em uma condição totalmente livre, em sua natureza imaculada, a vida tem a propriedade de uma essência ou elixir que renova e eleva todas as faculdades ao seu mais alto tom. A vitalidade que experimentamos em nossos corpos é o efeito tônico desse elixir. Essa vitalidade não é meramente física, mas também está em todos os níveis do Ser, no pensamento, no sentimento e nas emoções. A sensibilidade que dá origem a percepções é como a luz. Se você olhar para a árvore, percebe-se sua beleza e há uma resposta a ela; esta resposta é com a vitalidade do seu Ser. Quando há tanta sensibilidade e vitalidade, há também o amor. Quando há, amor no coração — não um amor vago, não um amor que é apenas uma forma de gostar e desfrutar, portanto, apto a ser possessivo — todo o Ser é vitalizado por ele, e a pessoa se torna extraordinariamente sensível ao objeto desse amor, percebe-se uma beleza não normalmente vista nele ou nela.

Essa mudança que deve ocorrer não é uma mudança parcial. É a anulação de todas as mudanças que o tempo trouxe, não apenas durante esta vida, mas também em vidas

---

[6] BESANT, Annie *Um Estudo sobre a Consciência,* Brasília: Ed. Teosófica, 2014. (N. Ed. Bras.).

anteriores. Encontrávamo-nos em certo estado de pureza e integralidade, a partir do qual, por uma série de mudanças, chegamos à nossa condição atual. É o desfecho completo, a abolição de tudo o que ocorreu, o que restaura o indivíduo a esse estado original. Isso é morrer para o passado, que não tem mais qualquer influência sobre o presente. Essa liberdade, que é referida como *Moksha*, na Índia, é uma completa liberação da condição construída por todas as experiências pelas quais passou. Aqueles que estão nesse estado de libertação têm sido seres humanos como nós. Eles têm passado por todos os tipos de experiências, mas têm saído dela.

Quando uma pessoa atinge esse estado de liberdade, rompe completamente com o passado, coloca-o de lado para que não tenha efeito ou influência alguma sobre ele, podemos perguntar: será que ela se sentiria envergonhada de várias coisas em seu passado quando olhasse para trás? Ela não o sentiria, porque o passado não iria tocá-la sobremodo; ela estaria completamente livre disto como a lua está livre de um eclipse; é como se alguma outra entidade tivesse criado e vivido aquele passado. A pessoa que foi libertada é uma entidade totalmente nova, um Ser espiritual, a entidade anterior de matéria e de mente, baseada na matéria, morreram completamente. A vida está sempre no presente. Mesmo quando pensamos no passado, a ação de pensar está ocorrendo no presente. Por mais evasivo e intangível o momento que chamamos de presente possa ser, a vida e a consciência são ações apenas no presente. Normalmente o presente segue uma memória do passado como um cometa segue sua cauda, influenciando o presente. O presente é separado do passado quando a ação no presente é libertada do *momentum* do passado, a sombra de suas memórias; então há a ação da vida em sua liberdade e pureza. Visto que a vida em seu estado mais livre tem frescor e beleza.

Essa separação do presente ao passado é realmente o que a morte significa para o corpo de consciência, que é o indivíduo. Embora houvesse pureza e abertura no estado original, a condição de uma criança, ainda por causa da inconsciência naquela condição, prestou-se a influências que mudaram aquela condição. Uma pessoa pode parecer pura, mas se certas coisas acontecerem em seu caminho, ela pode automaticamente ou até mesmo alegremente aceitá-las de bom grado, e apreciá-las. É o caso da criancinha. As tendências indesejáveis não foram erradicadas, a pureza é superficial. Quando um indivíduo torna-se consciente de sua condição, desperta para ela, não se presta novamente às tentações e atividades que marcaram seu caminho no estado de ignorância.

Para a consciência que possui uma identidade separada do corpo, a morte pode apenas significar que todo o seu conteúdo foi descarregado, todos os hábitos anulados, os estereótipos eliminados; torna-se um todo, possuindo apenas sua natureza essencial, que é uma unidade, e essa consciência não pode ser destruída; a vida é indestrutível, embora o invólucro que ele usa se desgaste e morra. A morte é apenas para aquele desenvolvimento que veio à existência pelo processo do tempo. Quando isso é anulado, há vida nova. É pela morte de toda forma que superou o seu uso que a vida é renovada. Isso acontece em cada ciclo individual de morte e renascimento, por causa do mecanismo da Natureza. Mas se enquanto ainda estiver viva, uma pessoa pode realizar o que é alcançado na morte, por sua própria inteligência e livre vontade, ela chega a uma condição na qual não haverá mais compulsão para ela; ela está livre da necessidade de renascer, porque não há nela a sede que a leva a condições onde possa ser saciada.

    O indivíduo é a consciência dentro de si mesmo, como ele se apresenta; quando compreendermos sua natureza, seremos capazes de compreender muitos problemas e fenômenos relacionados com a vida e a morte.

"Morte e sua irmã sono"

Estas palavras de um poeta inglês transmitem, em uma frase simples e bonita, como os poetas tantas vezes o fazem, o núcleo de uma verdade profunda, que pessoas intelectuais e mais prosaicas, olhando para o aspecto externo das coisas, podem não compreender. A morte às vezes é chamada eufemisticamente como o sono, mas o parentesco entre a morte e o sono é muito mais profundo do que o aspecto físico de qualquer um deles. Não há realmente nenhuma comparação verdadeira entre a fria insensibilidade e a decadência de um corpo morto, e o sono benéfico que desfrutamos, do qual acordamos revitalizados e renovados. Devemos procurar pela similaridade nas condições e mudanças que, em ambos os casos, ocorrem na entidade consciente, desconsiderando a visão superficial e completamente rebuscada de que a vida e a consciência, com todas as maravilhas de que são capazes, são um produto de mudanças químicas ou moleculares.

O sono é essencialmente um fenômeno da consciência. A atividade do sonho, e o estado de consciência sem sonhos, que são aspectos desse fenômeno, podem ter suas repercussões fisiológicas e correspondências. O fisiologista se esforça hoje em dia, dentre outras coisas, por traçar os elos psicossomáticos, mas esses não podem levá-lo longe nas profundezas e extensões da consciência. Não se pode explorar a imensidão do espaço com pipas amarradas a determinados pontos da Terra.

A única maneira de conhecer a interioridade da verdade sobre o sono ou a morte é começar por nós mesmos como somos enquanto estamos acordados, compreender os estados de consciência que experimentamos, e as mudanças que pertencem e dão origem a eles, e também compreender, até onde podemos ir, o sonho e as condições sem sonhos no sono. Assim, seremos capazes de obter um conhecimento da entidade que está igualmente presente na vigília, no sono e em quaisquer condições que possam existir depois que o corpo físico for abandonado. É conveniente usar aqui o termo filosófico "sujeito", como distinguido de "objeto", o "sujeito" sendo o conhecedor, o experienciador, ou o "eu" em todas as diferentes condições, condicionado em si próprio por vários fatores, mas também capaz de libertar-se deles.

No sono, como na morte, esse sujeito ou entidade de consciência retira-se dos contatos externos, em um caso, temporariamente, mas o suficiente para estar alheio ao corpo, e no outro, liberado de uma vez por todas e totalmente, porém, mantendo a condição em que se encontra, com o qual associa sua individualidade. Há detalhes das descrições dos estados pós-morte em literaturas teosóficas, e em outras. Essas descrições, em sua natureza geral, não são incompatíveis com tal compreensão que temos de nós mesmos, conforme pode ser alcançada por nós. É apenas a resposta que surge da autocompreensão que qualquer descrição poderá tornar-se, para nós, real ou convincente.

Na vida comum de vigília, cada um de nós, como sujeito, está associado a vários objetos, também a pessoas e ideias, e desenvolvemos certas relações com eles. A vida implica relacionamento em todos os níveis que ela abrange. No sono, assim como na morte, não há separação entre o sujeito e os objetos, mas não das imagens desses objetos, os fantasmas ou sombras, como podemos chamá-los. No sono estamos na companhia desses fantasmas, confusamente ocupados com eles, em uma estranha condição crepuscular que não tem nem a realidade da vigília nem a quietude absoluta, a profundidade da tranquilidade que o sono absoluto conotaria. A mente está dentro de uma rede de impressões refletidas e adquiridas durante o período de vigília, embora, curiosamente, tenha certa inventividade limitada, conforme sabemos pela nossa experiência em sonhos. Esta é nossa condição normal enquanto dormimos, mas ocasionalmente escapamos dela para um sono profundo, profundidades de quietude em que não há tais sonhos, uma região da qual a psicologia moderna sabe muito pouco, porque não está aberta à exploração por qualquer sondagem superficial. Logicamente é preciso considerar isso, quer como o estado do sujeito incondicionado, ou como uma condição que, de alguma forma, é um reflexo de sua natureza. Este estado pode não ser alcançado, embora nós possamos acordar sem nenhum sonho. Fazemos isso quando a mente esquece completamente com que está ocupada, o que geralmente acontece ao acordar. Mas quando a consciência clareia todas as ideias e imagens que poderia tê-la retido, então ela deve estar em um estado completamente diferente — do qual, quando acordar, irá despertar como de "um sonho profundo de paz", na realidade, de nenhum sonho no sentido comum, mas apenas nas profundezas da paz.

Para simplificar a compreensão podemos pensar em vigília, sonho e sono profundo como três fases: a fase totalmente objetiva de ocupação com os objetos do nosso estado de vigília, em que o sujeito e o objeto aparecem polarizados e separados; o estado intermediário de desarranjo das imagens com os objetos, imagens essas que são criadas pelo sujeito — um estado de confusão (literalmente) entre sujeito e objeto; e um estado de pura subjetividade que pode ser, ou de inconsciência, se o sujeito não estiver acordado, ou se estiver acordado, de plena consciência, capaz de completa objetividade. A objetividade aparente do estado de vigília é ilusória porque as características do segundo estado geralmente colorem ou estão presentes nele, quando examinadas de perto. A relação, mesmo em vigília, não é entre o mero sujeito e seus objetos, mas entre um sujeito condicionado e os objetos, em outras palavras, sonhamos mesmo quando estamos acordados. É apenas no terceiro estado que o sujeito puro manifesta-se. Se esse sujeito puro se manifestasse, e se relacionasse com qualquer objeto durante o período de vigília, essa relação seria tanto subjetividade pura quanto objetividade completa, simultaneamente.

 A morte é também uma separação dos objetos com os quais o indivíduo esteve associado durante sua vida, porém, uma separação final, exceto pelas imagens e pela massa de memórias que ele carrega, para recomeçar. Seja qual for a natureza exata do novo ambiente em que ele possa estar, ao desconsiderá-la no momento, podemos ver que o fim da jornada ou do ciclo deve ser, pela natureza das coisas, o estado incondicionado, como o experimentado no sono profundo. Neste estado, o sujeito pode estar como já foi dito, em plena consciência ou em um estado de inconsciência, ele pode estar acordado ou ele pode estar dormindo. Os relatos que temos das condições pós-morte sugerem que a própria natureza dessas condições (ou planos) é tal que, na generalidade dos casos, a viagem é ao longo de um curso projetado por suas experiências anteriores, as quais ainda estão ativas nele como memórias.

Se trouxermos aqui a ideia de reencarnação, isso só ocorre neste último caso, quando o sujeito não está totalmente desperto. A reencarnação implica a presença de um germe latente de consciência com uma natureza que pode ser puxada para o vórtice dos processos pré-natais, tornando assim o ciclo fechado e completo — de volta da subjetividade para a objetividade no sentido comum. Esse ciclo se repete, como o ciclo do sono e do despertar. O germe, imbuído dessa fome de vida ou sensação que vemos em todas as coisas vivas — animais, plantas e humanos — é um germe de inconsciência e deve ser concebido como relacionado de alguma forma com a entidade que atinge um estado de liberdade temporária das suas experiências terrenas.

A experiência de separação das coisas e das pessoas que amamos ocorre repetidamente, mesmo enquanto estamos vivos, embora não com um efeito tão total como na morte. Então, o fundo cai e, possivelmente, os conteúdos, que, por assim dizer, são derramados, se resolvem por meio de afinidades e associações existentes. Mas mesmo em nossas vidas comuns, quando os objetos que amamos estão perdidos, suas imagens estão muito presentes em nossas mentes, pelo menos por um tempo, há um sentimento de perda e tristeza. O relacionamento, nessa condição, é livre, não entre sujeito e objeto, em suas verdadeiras naturezas, mas entre o sujeito, em qualquer condição que ele possa estar, e a sombra desse objeto. Tal sombra ou imagem se interpõe entre uma pessoa e outra, mesmo quando ambas estão fisicamente vivendo, juntas, pois cada uma tem uma imagem da outra, através da qual ela olha para a outra, e essa imagem muda com o tempo, de modo que o relacionamento não é nem tão direto nem tão real como pensamos. A escuridão que envolve o sujeito é causada pelas sombras de sua criação.

O Sr. Krishnamurti falava de morrer para todas as experiências aqui e agora — o que significa um novo começo, olhando para tudo e todos, não através de imagens trazidas do passado, mas diretamente, vendo-as como elas são, ou seja, um relacionamento totalmente diferente, o qual é, ao mesmo tempo, direto e real.

Entre dormir e acordar há uma espécie de continuidade. A onda que está em movimento não vai muito longe da costa, ou seja, da condição física. Ela eleva-se um pouco, e depois precipita. Mas na morte a onda vai muito mais longe em direção à outra costa. Seu movimento se solta e apaga todas as imagens com as quais ela começou. A continuidade é destruída. Então, há o retorno ao polo da vida objetiva para um novo dia, um novo começo, um novo movimento.

Essa é a mente humana que concebe ou esculpe aquele momento que pode ser chamado de presente, a partir da aparente continuidade do tempo. Ela conecta um momento com o próximo através de sua memória, que é um transporte. Pois, na verdade, cada momento morre quando nasce. É a memória das coisas passadas, a influência delas, que, entrando no presente, modifica ou determina sua ação. Se o passado pode ser completamente separado do presente, então, no presente, desprovido de qualquer influência do passado, existiria a natureza do sujeito puro não afetado. A condição — ou melhor, aquele estado incondicionado — que a Natureza tenta trazer à tona, periodicamente, por meio de seu elaborado mecanismo, pode ser alcançada aqui e agora por uma compreensão objetiva e completa do processo em que estão envolvidos. Quando aprendermos a nos separar do passado, vivendo sem acumular pensamentos de prazer ou dor, posse ou preconceitos, então não haverá nada para eliminar ou resolver. Se pudermos viver, não por meio de imagens, mas com as coisas como elas são — o que não significa que não devemos mudá-las, usando um julgamento sábio e sem preconceitos — nosso sono será um sono sem sonhos, e a morte somente um acontecimento puramente físico, desprovido de toda a luta e do terror que associamos a ela. Será tão bem-vinda quanto dormir ou como estar o tempo todo com um amigo. Estar acordado, então, seria uma condição de vigília em que tudo o que surge não emergiria de um passado. Portanto, tudo o que fosse percebido seria como se fosse pela primeira vez, como algo novo.

Novidade em si mesmo

Pode existir uma nova consciência no sentido de um despertar para algo profundamente significativo para si mesmo, do qual não se tinha anteriormente nenhuma consciência. Um daltônico pode, de repente, através de alguma feliz mudança no aparelho de sua visão, tornar-se consciente da existência de cores, com toda a variedade e riqueza que elas trazem para a vida. Uma mudança menos espetacular, em um diferente nível, mas de grande importância para si mesmo e para os outros, seria a de uma profunda realização da unidade e da santidade da vida, e daí surgiria uma atitude fundamentalmente diferente em relação à vida em todas as formas. Pode surgir no horizonte de alguém uma verdade ou lei na Natureza, ou um fato de enorme significado, que pode invadir, espalhar-se e ocupar por um tempo toda a consciência e o pensamento.

Mas transcendendo qualquer mudança devido a uma causa ou impacto particular, o que é novo pode ser algo fundamental, no sentido mais profundo, que vem sobre o todo de uma consciência, não de fora, mas a partir do interior, lançando uma nova luz sobre todas as coisas, transformando toda a sua natureza e qualidade, uma verdadeira mutação, com uma qualidade de novidade em todos os seus aspectos.

A questão é: essa mudança tão radical e extraordinária é uma possibilidade?

A resposta a esta pergunta dependeria da constituição do ser humano, daquilo que ele é. A possibilidade só existiria se ele fosse um Ser de vida e consciência, com capacidade de pensamento, e não o seu corpo. A própria frase: "meu corpo", que ele comumente usa, implica uma medida de dissociação de si mesmo, seja lá o que esse "ele mesmo" possa ser, do seu corpo. Obviamente, é sua mente ou pensamento que, assim, se desassocia.

Aqueles que sustentam a visão — há muitos que o fazem — de que a mente é meramente um epifenômeno ou produto da atividade cerebral, devem ver o paradoxo e a ironia que residem no fato de que a mente que surge como um produto puramente subjetivo — ou pensamento que é um efeito do movimento molecular — instintivamente assume que é dona do corpo e do cérebro. O uso da palavra "mente" como distinto da atividade do pensamento, que nesta visão baseada na matéria é uma série de efeitos secundários, implica a existência de uma entidade individualizada que, se formada por esses efeitos mecânicos, deve ser uma criação puramente artificial e efêmera, possuindo uma existência totalmente ilusória.

Mas seria essa visão de que a mente é derivada da matéria, a única possível ou haveria uma que explica todos os fenômenos da consciência? Não poderiam, tanto a vida como a consciência, terem uma origem e *status* diferentes, por mais que precisem de uma organização material como veículo e instrumento? Isso é, de fato, o que pode ser chamado de teosófico, como também é a visão antiga — que é, para poucos, em diferentes em momentos, uma verdade da experiência pessoal — que leva em conta a natureza da consciência humana e a existência de faculdades que transcendem em muito os processos cerebrais, e também a liberdade que essa consciência pode alcançar dentro de si mesma, elevando-se acima de todas as formas de matéria que conhecemos e o determinismo baseado na matéria.

O indivíduo é então sua mente, e se sim, de que natureza é essa mente? Obviamente, a mente é uma energia que em cada ponto de sua ação exibe consciência com todas as suas capacidades implícitas em algum grau ou outro. No processo de pensar, essa energia se move tão rapidamente, mudando de direção muito facilmente, é tão sensível e influenciada por todas as circunstâncias e fatores, que desenvolve uma complexidade extraordinária na forma como opera, e a mente de cada ser humano, à medida que se expande, desde o início, e estabelece-se, apresenta-se como uma formação única. Não é mais como uma simples substância homogênea, uma extensão branca e impressionável. A mente de cada um de nós é formada de experiências diferentes das dos outros, e funciona de forma diferente. Assim, cada um de nós tem ideias e crenças sobre muitos assuntos decorrentes de suas reações e sentimentos pessoais, influenciados por seus gostos e desgostos. Cada um tem seu mecanismo estabelecido de pensamento e sentimento, hábitos da mente que são formados da mesma forma que os hábitos do corpo. No nível físico, cada um de nós desenvolve certos modos de expressão, e cria outros movimentos corporais, bastante inconscientemente. Também satisfazemos, por força do hábito, desejos de vários tipos. O processo de automatismo que ocorre nos níveis físico e psicossomático é evidenciado também na esfera do pensamento e das emoções. Assim como certas ações do corpo tornam-se estereotipadas — essa é a tendência de todas as organizações materiais — e ocorrem mecanicamente, logo nossas mentes também agem mecanicamente, sem qualquer consciência de nossa parte. Qualquer ato de corpo ou mente realizado repetidamente continua de forma automática, e quando não há necessidade de qualquer impulso novo para manter o desempenho, a energia da consciência afunda no que diz respeito a essa ação.

Toda a formação da mente, em todos os casos, com todas as forças operando nela, suas ideias e formas de pensamento, é um produto do tempo, e tende, com o passar dos anos, a tornar-se cada vez mais estável e rígido. Esta é uma questão de experiência comum. Uma pessoa começa a vida como uma criança, meramente consciente de seus contatos e circunstâncias imediatas. Essa consciência cresce e expande-se, e ela conhece o mundo ao seu redor. Porém, durante esse processo de estar adquirindo conhecimento e usando-o de várias formas, ela também reage com atrações e repulsões, decorrentes de suas memórias, e, assim, desenvolve ciúmes, ambições, e assim por diante. Além disso, desenvolve inúmeras ideias sobre todos os tipos de assuntos ou as assimila de pais, professores, associados, livros, revistas e várias agências de propaganda.

Assim, embora todos nós comecemos a vida da mesma forma, e sejamos muito semelhantes uns aos outros em nossa ignorância — mesmo assim, a similaridade pode e oculta tendências incipientes que ainda não tiveram a chance de manifestar-se — à medida que avançamos na vida, tornamo-nos cada vez menos parecidos. As circunstâncias particulares em que nos encontramos, e o condicionamento a que somos submetidos por elas, juntamente com as tendências que se afirmam, atualmente moldam cada um de nós em um tipo muito diferente de outras pessoas. Um se torna um comunista autêntico, o outro assume a bandeira de um capitalista, cada um exibindo uma mentalidade formada por forças como ganância, inveja, apego a posses, e assim por diante, mas operando de acordo com a circunstância de ser um membro de seu grupo particular.

Uma pessoa pode pensar que tem uma filosofia de vida, mas muitas vezes é apenas uma racionalização dos objetivos aos quais é conduzida por impulsos cegos, medos e inclinações. O fato de cada um de nós aceitarmos a ideologia de um hindu, cristão, muçulmano ou alguma outra denominação, de acordo com a comunidade em que nasceu e foi criado, indica a propensão em nós de nos adaptarmos às demandas e pressões de nosso ambiente particular, uma propensão que tem um campo livre na infância, não comprovada por quaisquer ideias ou resistências contraditórias que possam desenvolver-se na vida posterior. A condição de uma massa amorfa que mentalmente, como também fisicamente caracteriza certo estágio de desenvolvimento é continuamente modificada e estruturada no decorrer do tempo. Somos capazes, então, de pensar apenas de acordo com as ideias e os padrões estabelecidos, somos impressionáveis apenas ao longo de linhas que ainda não se tornaram fechadas ao livre fluxo de vida, e reagimos de acordo com nosso condicionamento particular.

Quando é preciso especializar-se para ganhar a vida, ao longo de certas linhas de conhecimento e habilidade, essa mesma especialização cria sulcos fora dos quais há muito pouco fluxo de interesse ou capacidade de funcionamento. Diz-se que Darwin lamentou, no final de sua vida, que uma vida dedicada a seus estudos particulares e pesquisas tornou-o incapaz de desfrutar da literatura, nem mesmo de suas melhores obras, incluindo as de Shakespeare.

Assim sendo, a morte vem e destrói tanto o organismo físico quanto o mecanismo astro-mental, como é chamado na terminologia teosófica, construído durante a vida desse organismo, e subsistindo com base em suas experiências e atividades. É plausível e razoável supor que, assim como o corpo, que é uma entidade construída, é dissolvido em seus componentes à medida que a vida interior retira-se dele, de modo que a entidade mental, o amálgama psíquico, mesmo que possa por um tempo continuar em seu curso deve, no processo posterior de sua retirada, sofrer um fim semelhante. Um composto artificial deve ser resolvido no decorrer do tempo, ou seja, reduzido a uma condição em que uma redução posterior seja impossível.

De acordo com o ensinamento dos grandes Mestres espirituais, a individualidade do homem tem, potencialmente ou de fato, um aspecto que, por causa de sua natureza radicalmente diferente, sobrevive a esse processo de resolução. Não é essa natureza que fica emaranhada nas labutas da matéria e mostra o caráter de um produto material, mas uma natureza que tem os atributos de consciência e liberdade, e pode ser descrita como puramente espiritual. Se usarmos a palavra "alma" para significar esse aspecto espiritual, que em si mesma é uma Inteligência, que possui individualidade, então ela deve ter uma natureza que não é formada por qualquer processo de agregação, mas é um desdobramento de uma verdade sempre presente ou a realização de uma potencialidade existente.

Devido à natureza do ser humano compreender tanto essa possibilidade de funcionar, como uma inteligência livre, quanto a propensão a vincular-se às condições materiais, essa propensão, a menos que seja completamente liquidada, o atrai de volta a condições onde as tendências inerentes à própria natureza podem mais uma vez encontrar um campo livre para a sua implantação e ação. Em linguagem popular, a alma regressa à Terra atraída por certa gravitação, da qual não havia se libertado completamente. Obviamente, uma entidade puramente espiritual não pode ser tão sugada. Mas pode haver alguma conexão entre ela e as condições terrenas, nas quais poderá haver forças operando para trazê-la de volta, ou mais corretamente, estender essa conexão para um estado de envolvimento nessas condições.

A entidade que já havia morrido até às raízes, tanto espiritual quanto psíquica, inicia uma nova vida no campo a partir do qual se retirou por um período de tempo, como um germe fresco, viril e extraordinário de consciência, vazio de todas as velhas memórias, do antigo conhecimento, das ideias e dos apegos. Ela agora é um novo Ser, mas colocado novamente no colo do tempo, envolvido em seus processos, por mais que esse Ser possa ser o mesmo em essência, uma réplica potencial da antiga personalidade. Vemos, nesse ciclo de mudança que é a morte, a porta de entrada para uma renovação, que cria o novo ao permitir que a Vida volte à sua natureza essencial.

O corpo físico é apenas uma vestimenta, o cérebro físico, com suas extensões nos órgãos sensoriais, é mais um instrumento, um mecanismo com uma capacidade maravilhosa, mais formidável do que qualquer cérebro mecânico ou computador que já tenha sido construído ou que jamais possa vir a ser construído. O computador só pode processar os dados nele inseridos. Sua ação é inteiramente mecânica e limitada, embora rápida, matemática e certa. Mas não é capaz de imaginação, de origem, de amor, de algo inteiramente novo que não está nos dados fornecidos. De onde vem a origem, a capacidade superior, o novo que não estava no velho? Deve vir dessa consciência que transcende o cérebro mecanicista, por mais que esteja em contato com esse cérebro e o use, até mesmo identificando-se com suas limitações.

A vida é a própria vitalidade, e tem essa natureza de frescor, ternura e juventude que vemos, parcialmente, em seus novos começos. A consciência, que é inseparável da vida, pode ser, em seu estado puro, isto é, quando não misturada com outros elementos, da própria essência da novidade — termos antigos e novos sendo referentes ao tempo, ao passado e ao presente. A vitalidade da Vida, com todo o seu *élan*, não é meramente a energia das células e do corpo, mas também a do Ser interno do ser humano.

Essa vitalidade, que é uma energia em expansão e até explosiva quando é livre para manifestar essas qualidades, é mantida dentro de certos limites pela organização material que deve usar, mas declina e diminui à medida que essa organização entra em desordem, deteriora-se e decai. Quando o Ser de consciência, que é na realidade o indivíduo, livra-se das limitações impostas por sua dependência do corpo, pelo condicionamento que sofre, o fardo de seu passado, a influência de suas memórias, surge, imediatamente, a vida em liberdade, uma nova consciência que é a consciência em sua própria natureza pura. Sendo o sujeito puro, ele percebe cada objeto como é e responde a ele não apenas com frescor, mas com todo o seu potencial, que transcende em muito o mero conhecimento mental, porém, inclui esse modo de sensitividade que é sentimento e amor. É esse estado absolutamente inocente, puro, fresco e sempre novo, o único estado de espírito e de coração, que está aberto à natureza sutil e celestial das coisas.

A única maneira de atingir este estado é, obviamente, morrer voluntariamente, enquanto ainda se está vivo e aqui embaixo, para todo o acúmulo e fardo do passado, os apegos e as ilusões, não como uma tentativa de escapar nem de desenvolver uma concha de indiferença às coisas, mas pela pura separação que ocorre naturalmente no próprio coração quando há compreensão e percepção, que é uma iluminação de todo o processo que trouxe a mudança para a sua condição atual.

Há um ditado que diz que separação é morte. É a morte ou a separação de tudo o que tornamo-nos que constitui o retorno à condição que expressa o que somos, fundamental e eternamente. A consciência existente, quando se livra completamente de cada elemento que a envelhece, torna-se totalmente nova. Envelhecemos de uma maneira no corpo, por um processo da Natureza, do qual as células e os órgãos não podem escapar; envelhecemos de outra forma, na mente e no coração, por um processo de ação mecânica, baseado em apegos, dos quais é possível libertar-se, pela inteligência e consciência. A Vida Una, que somos em essência, pode separar-se, por sua Inteligência, de toda a atividade do eu separativo, desenvolvido em uma condição de inconsciência, causando distorções que rompem a harmonia da vida e a liberdade de seu fluxo. Dessa forma, a vida é nova como no início, possuindo a natureza que a ela pertence, em sua fonte, uma natureza que está sempre fresca e constantemente fluindo, e não sujeita às influências do tempo.

À medida que o sol se põe em um horizonte, conhecido por nós como Ocidente, e simultaneamente nasce em outro, chamado de Oriente, o sol do espírito, sempre presente no ser humano, retira seus raios de cada incidente e experiência do passado e, simultaneamente, lança seus raios frescos em tudo que está presente. Isso seria uma espécie de morte e renascimento interiores, que é perpétuo. Seria então apenas um voo de fantasia ou uma possibilidade? É possível chegar a cada momento de forma nova, como se fosse de algum lugar fora deste mundo, de alguma nova dimensão? O sentimento de novidade não está nas coisas que são novas, pois elas logo envelhecem, mas na natureza da consciência que percebe ou escuta e responde. Se você escutar uma bonita melodia, você a experimentará, da primeira vez, de uma maneira extraordinária, mas depois de um tempo ela enfraquece. É a mesma melodia, mas a consciência, por tê-la conhecido, muda em relação a ela. A mudança é uma queda de sensibilidade. É possível permanecer nesse primeiro estado quando a coisa era nova? A diferença entre o primeiro estado e a condição posterior está no fato de que a experiência ficou presa à memória, ou seja, um leve filme foi formado nessa parte da consciência que responde, como uma película que pode se formar sobre o olho e prevenir uma visão clara, ou como algo pode crescer sobre a pele e torná-la menos sensível.

Você encontra um dia uma beleza extraordinária em uma paisagem; quando você retorna ao local esperando ver a mesma beleza, você não a vê. A antecipação, que é apenas um lançamento para frente ou projeção de memória, alterou o estado da consciência, além de outras coisas que podem tê-la afetado no período de intervenção. A consciência humana e a consciência, em geral, são coisas extraordinariamente sutis. O filme da memória reduz sua suscetibilidade. Isso significa que a memória é ruim? Não pode ser. Sem memória não podemos pensar, não podemos nem mesmo viver neste mundo difícil. Mas essa memória torna-se uma desvantagem por causa do apego a várias partes dela, o que é muito sutil e influencia a visão, a resposta às coisas no presente.

Chegar ao novo momento, experimentá-lo, não através das ideias ou influências do passado, mas sem o filme, como se fosse um céu sem nuvens ou as profundezas de um estado desconhecido, não seria essa natureza do ser humano, que não é do tempo, mas é atemporal? Em uma das *Cartas dos Mahatmas*[7], é dito, em itálico, que o tempo é algo criado inteiramente por nós mesmos; também que no *devachan*, que é um estado puramente subjetivo, não há consciência do tempo. O tempo no sentido físico é medido pela rotação da Terra. Isso não é afetado por nossos estados psicológicos. Mas temos a sensação de criar a corrente do tempo, ou o seu grau de mudança, que surge a partir da forma como nos deparamos com a experiência. Essa sensação de tempo, que às vezes pende pesadamente, é um obstáculo à consciência. Nessa condição, seu movimento o leva a uma relação parcial com as coisas que está experimentando.

Pode haver uma qualidade de consciência que é perenemente nova. É a qualidade da consciência pura, mas com um despertar que garante estar ela inalterada. Sua natureza é de receber todas as vibrações, mas deixá-las passar, não bloqueá-las ou resistir a elas, resistência essa que produz dureza, obstrução e complicações. A *Bhagavad Gitā*[8] usa o símile do oceano recebendo todos os fluxos até si mesmo, e não sendo afetado. Diz-se que a vida espiritual é paradoxal. Aqui está um grande

---
7   *Cartas dos Mahatmas a A. P. Sinnett*, Volumes I e II, Transcritas e compiladas por A. T. Barker, Brasília: Ed. Teosófica, 2019. (Nota Ed. Bras.)
8   *Bhagavad Gitā*, tradução de Annie Besant, Brasília: Ed. Teosófica, 2020. (Nota Ed. Bras.)

paradoxo: ser sensível, responder, vibrar com simpatia, ainda que fazê-lo de uma forma que não deixe vestígios, e não diminua a capacidade de uma nova resposta; isso só é possível quando não há mudança estrutural na consciência, de fato, quando não há estrutura, textura ou fio que limite ou corrija sua ação. Nenhum símile material se aplicará a um estado realmente espiritual, um estado de liberdade e inocência coexistindo com uma extraordinária qualidade de conhecimento, que é um puro conhecer. Nesse estado, a percepção é de momento em momento, de um vazio que é a liberdade, não através do conhecimento acumulado. Não pode haver tal estado de não apropriação, não acumulação, não importância, não ambição, não nada que crie a imagem de um eu separatista — um estado em que não há ação do tempo, sendo, portanto, sempre novo?

O despertar para a verdade

Despertar é sempre para a Verdade das coisas, ou seja, para o que existe ou é distinto do que é meramente imaginado. Essa é uma definição de Verdade que qualquer um pode seguir. Eu durmo e estou alheio às coisas ao meu redor. Eu acordo e então eu percebo essas coisas, o ambiente ou a situação em que me encontro. Assim, estar acordado é realmente estar atento, ser receptivo, ser responsivo às coisas, assimilá-las e agir de alguma maneira. Se há algo à nossa frente que não percebemos, significa, então, que nossa atenção está fluindo em alguma outra direção, ou que o nível particular ou camada de consciência em que esse fato deve ser registrado está dormente e não desperto. Todos nós estamos acordados em certas áreas da nossa consciência, mas não em outras; estamos despertos para certas coisas e não para outras.

Em geral, estamos atentos aos fatos concretos do nosso ambiente — podemos ver as árvores, as paredes e as coisas do nosso mundo cotidiano. Podemos não estar despertos nem mesmo para este ambiente, total ou completamente; mas pelo menos funcionamos nesse nível de forma bastante eficaz; podemos distinguir o que realmente existe do que é ilusório. Porém, podemos estar felizes ou não, desatentos a outras coisas — à beleza de diferentes tipos, à proporção presente em tantas coisas, à moralidade de certas ações — embora seja uma questão de profunda indagação sobre o que a moralidade realmente consiste — à expressão no rosto de alguém, à tendência de um desenvolvimento, ao significado de algum fenômeno na Natureza.

Pode-se pensar que tudo isso é subjetivo, enquanto o despertar só pode ser para fatos concretos, objetivos e fatos indiscutíveis. Mas é assim mesmo? Aquilo que falamos como o significado de uma coisa, somente é percebido ou realizado dentro de nós. Podemos, portanto, dizer que é irreal? Cada um tem seus próprios pensamentos e sentimentos particulares, e pode haver verdade neles ou inverdade, mera imaginação e fantasia.

Não tem a beleza um grande significado em nossas vidas? Tem-se dito que "belo é o que belo faz". No mesmo estilo, pode-se dizer: "beleza é o que a beleza pensa", "beleza é pensar na beleza", significando, portanto, não ter pensamentos bonitos, mas pensar que algo é belo. Ou seja, você olha para uma coisa e pensa que ela é bonita, então, ela será bonita. Mas essa visão está correta? Ou a beleza, em qualquer forma ou cor, som ou movimento, pensamento ou expressão, é também beleza da alma, algo que existe absolutamente por si mesmo, como Deus de quem os seres humanos podem ter noções diferentes? É a beleza algo que existe por si só, separada do que uma pessoa pode sentir ou pensar como sendo belo, no que diz respeito a um determinado objeto? Em outras palavras, a beleza é parte da Verdade ou é apenas uma questão de opinião?

Vemos que pessoas primitivas gostam de certas coisas. Mas gostos e valores mudam à medida que avançam. Quando éramos crianças, amávamos certas coisas, mas não nos importamos com essas coisas no momento. Podemos nos considerar mais cultos ou mais sofisticados e mimados. Mas o crescimento no processo natural, obviamente, significa um desenvolvimento de perspectiva, uma mudança de valores, um sentimento em direção à harmonia e à proporção, um senso de adequação, uma capacidade de obter uma visão sintetizada. Junto com tudo isso, há uma mudança em nosso julgamento ou sentimento quanto ao belo.

Eu gostaria de dizer, aliás, que o belo não é necessariamente o gratificante, porque quando uma pessoa está em busca de mera gratificação ou prazer, mesmo aquilo que for rude e vulgar parecerá aceitável para ele; poderá parecer adorável.

Se pensarmos em um elemento da beleza, a saber, a proporção, isso poderá ser considerado como uma questão de cálculo, matemática pura. Mas não existe em proporção algo indefinível, que é sentido pelo artista, pelo qual também somos afetados quando entramos em recintos de, digamos, uma nobre obra de arquitetura? Não podemos dizer por que somos afetados, mas olhamos para o comprimento, largura e altura, e de alguma forma sutil nossa sensibilidade é tocada. Ela produz um efeito específico que não é devido ao pensamento, e deve ter exatamente essas proporções para produzir esse efeito. Tudo isso sugere que pode haver validade ou verdade no que apreendemos subjetivamente. É claro que também pode haver falsidade ou ilusão nisso.

Mas eu sinto que existe uma coisa tal como a verdadeira beleza, uma proporção realmente bela, um sentimento verdadeiro ou puro em relação a uma coisa, um padrão ou ideal que podemos chamar de pensamento divino em relação a ela, ao qual podemos nos aproximar a distância; ou em lugar do qual podemos substituir uma imagem nossa, assim como fazemos com nossas ideias de Deus. Deus pode ser uma Verdade absoluta, universal, ou apenas uma projeção de nossa rudeza e ignorância. Tais projeções são, naturalmente, inumeráveis.

Para saber que estamos projetando a partir de um pano de fundo, a partir de ideias adquiridas por nós, que é muito diferente de perceber o que existe por si só, devemos conhecer nossas próprias mentes. Temos que estar cônscios de seu funcionamento, de nossos motivos, das reações sutis, e também do que dá origem a esses motivos e reações, que estão em nossa memória. Tudo isso, mesmo que ocorra dentro de nós, em nossas mentes ou corações, podemos observar ou perceber como ocorrem.

Um poeta pode responder a um objeto ou fenômeno na Natureza — uma árvore, uma flor, uma queda-d'água ou qualquer outra coisa. Na medida em que seja uma pura resposta, e não uma construção de sua mente, trata-se de uma maneira de experimentar a natureza da coisa. Pode-se dizer: "é pessoal; se não pode ser compartilhado por outros, não podemos chamá-lo de Verdade". Mas pode existir uma maneira de apreender a Verdade, que é puro sentimento, e não uma construção pela mente, que é um pensamento, podendo ser verdadeiro ou falso. Essa sensibilidade, a capacidade de responder à natureza de uma coisa com um sentimento puro, do seu Ser, dá acesso a todo um reino de percepção e experiência. O que sentimos em relação direta a uma coisa, quando não estamos projetando nenhuma ideia, quando somos totalmente negativos e sensíveis, que é realmente uma autonegação, quando expomos a sensibilidade de que somos capazes à natureza da coisa, é muito diferente do que podemos imaginar ou construir em nossas mentes.

Ao ouvir uma bela música, se assim você ouvir uma frase ou algumas notas, você começar a pensar sobre isso, o pensamento interrompe a absorção. Somente quando há uma condição puramente receptiva, sem nenhum pensamento, é que se capta a beleza disso. Da mesma forma, apenas em um estado de negatividade, percebe-se o que deve ser percebido, a verdade da qual ele é capaz. Tal percepção ou sentimento puro é realmente a ação da consciência humana em sua natureza essencial ou verdadeira, não a mente que foi modificada por muitas impressões, fixada em uma rede de apegos e tornou-se condicionada de várias maneiras. À medida que várias influências — todos os elementos de egocentrismo — entram nesse campo puro, distorcem e falsificam a experiência.

Para dar outro exemplo: vamos supor que haja alguém que tenha uma inteligência totalmente desenvolvida, e a capacidade de compreensão, que nunca tenha ido a um matadouro ou tenha visto qualquer criatura mutilada ou morta. Se com aquela natureza que não foi endurecida por várias ideias e influências que pertencem a ela, essa pessoa, pela primeira vez, testemunha o espetáculo de algo que está vivo, sensível e capaz de sentir, sendo abatido, não reagiria a isso com horror, sem quaisquer perguntas que surgem quando as pessoas querem justificar tal matança? Essa pessoa seria afetada de uma forma que a maioria de nós não é. Similarmente, se alguém não está completamente familiarizada com a guerra, e não sabe o que é isso, não pensou sobre, e então, pela primeira vez, se depara com a ideia de que o outro indivíduo possa ser mutilado ou baleado apenas por uma diferença de opinião, ou por um pedaço de propriedade, ela sentiria a monstruosidade de tal fato. Não nos sentimos assim, porque lemos sobre guerras, falamos sobre seus horrores de forma leviana, e nos acostumamos a tantas outras atrocidades. Nossas mentes "estão cheias de horrores". Não nos sentimos da maneira como uma mente que é imaculada e fresca se sentiria em relação a muitas coisas na vida por causa de um egocentrismo predominante, que opera com emoções como inveja, luxúria, ressentimento e assim por diante.

Um indivíduo pode ser extraordinariamente inteligente, como um general, astuto no planejamento de estratégia. No entanto, se sua mente não estiver desperta fora de uma determinada área, ela se moverá apenas dentro de limitações. Pode ser muito rápido em manobras dentro dessas limitações, mas não é a totalidade do Ser dessa pessoa que entra em ação. Pode-se agir como em um sonho que é extremamente vívido. Um sonâmbulo está dormindo, mas move-se e faz vários atos que poderia fazer até mesmo acordado. Uma pessoa sob o efeito de um feitiço hipnótico pode fazer coisas com uma inteligência que parece estar ativa, mas ele age apenas dentro dos limites impostos pelo operador. Portanto, o simples fato de uma pessoa agir de várias maneiras, e ser inteligente em tal ação, não é prova de que todo o seu ser ou consciência entra em jogo. Ele pode fazer tudo isso com apenas uma parte de si mesmo.

Isto parece assim para mim — estou, portanto, qualificando, para não ser dogmático — que todos os nossos pensamentos e esquemas, inspirados pela ambição, pela luxúria, pelo ressentimento e por tais emoções são realmente como os vapores de um sonho. Eles são comparáveis ao pensamento de um indivíduo em um sonho, onde a pessoa não vê a irracionalidade de suas ideias e ações. Qualquer desejo forte produz uma luz enganosa em que tudo o que acontece não é visto em seu verdadeiro caráter ou valor. Aquele que está sob a pressão de algum desejo forte planejará e fará coisas que, depois, quando ele estiver livre desse desejo, ele mesmo perceberá ser estúpido, um motivo para arrependimento. Cada desejo cria seu próprio campo psíquico que faz com que qualquer coisa que se passe nesse campo, todo o pensamento, imaginando e agindo nele seja um jogo de ilusão.

H. P. Blavatsky escreveu em *A Voz do Silêncio*[9] sobre as três salas, que são realmente três condições, primeiro a sala da Ignorância, segundo a sala da Ilusão — ela também o chamou de sala de aprendizado da mente — e, em terceiro lugar, a sala da Sabedoria. O mundo como um todo está realmente se movendo entre as duas primeiras salas. Uma parte encontra-se em um estágio de ignorância ou inconsciência e a outra na ilusão. É por isso que encontramos pessoas agindo com tanta grosseria, sem qualquer consideração, mesmo nos casos que exigem o tratamento mais delicado, a mais terna consideração; eles fazem as coisas mais ultrajantes, porque eles estão sob o estresse das forças que operam às cegas. Um selvagem é aquele que é brutal, mas não é conscientemente; ele ainda não está acordado para certas coisas. Sua mente desenvolveu certas linhas de atividade, ele pode rastrear animais, prever o tempo, e fazer alguns truques astutos, mas o resto de sua natureza, que é um campo

---

9   BLAVATSKY, H.P. *A Voz do Silêncio*, Brasília: Ed. Teosófica, 4ª ed, 2020. (Nota. Ed. Bras.).

de atividade potencial, ainda está adormecido. Uma parte de sua natureza está desperta e ativa, mas há um extenso campo em um estado de sono profundo. Esse talvez seja o nosso caso, embora possa haver muita diferença entre um selvagem e nós mesmos. O progresso não é apenas um processo de descoberta do mundo externo, como ocorreu especialmente durante este século, mas também um processo de nos descobrirmos, um despertar contínuo em uma área de nossa natureza após outra.

Somos extremamente ativos mentalmente, mas essa mesma atividade adormece ou suprime o campo de uma consciência maior, da qual nossas atividades deveriam tomar impulso. Somos ativos na busca de certas coisas, mas não estamos acordados para inúmeras considerações que seriam levadas em conta, se tivéssemos uma inteligência totalmente alerta e suscetibilidades não circunscritas pelo interesse próprio. Nós desconhecemos as questões que residem profundamente em nossas próprias atividades.

Na filosofia indiana, fala-se de quatro estados de consciência: vigília, sono, sonho, e um quarto estado que é transcendental. Agora podemos ver que mesmo em nosso despertar, os três estados de vigília, sono, sonho estão representados. Há em cada um de nós uma ou várias camadas despertas, e o sono reina nessas regiões. Há nele um despertar e atividades superficiais, isto é, o despertar em relação às coisas concretas do nosso mundo, incluindo nossa capacidade de investigar esse campo. Mas, além disso, há uma boa dose de sonho na vida de cada um, um sonhar no suposto despertar, que consiste em construir castelos, ceder a esperanças vãs, ilusões de diferentes tipos, fantasias, falsas crenças, e assim por diante. É tudo um sonho porque é tão ilusório. Assim como o ar quente em um deserto lança uma miragem resplandecente, também lançamos tantos esquemas e fantasias que acabamos descobrindo que são absolutamente desprovidos de realidade. Não existe em nós uma estranha mistura de três condições, uma chamada vigília, uma de sono profundo em certas áreas do nosso ser, e esse sonho — luz, escuridão e crepúsculo todos juntos?

Essa condição mista deve-se à nossa própria constituição, que é espiritual ou potencialmente espiritual em um aspecto, psíquico em outro, e físico ou material em um terceiro. O espiritual é esse aspecto do Ser, da sensibilidade inconcebível, em que tudo o que acontece é do mais alto significado e valor. O ser psíquico é aquele aspecto de nossa natureza em que entram os instintos cegos, o desejo e as influências do desejo. E há o aspecto material com o qual estamos bem familiarizados. O intelecto serve como um instrumento para todos os três. São os aspectos psíquicos e materiais que são predominantes no momento. O olho do Espírito abre de vez em quando, e apenas em algumas almas. A consciência espiritual nos outros está dormindo ou germinando. A natureza psíquica está em pleno jogo e parece manter a mente no poder. A mente em relação à matéria física está totalmente desperta e tendo seu período de atividade.

Na situação atual, progredimos tanto na evolução que chegamos a um grau de autoconsciência que nos torna muito conscientes de nossos direitos. A atitude geral no mundo de hoje é uma relutância em ceder, exceto sob pressão, e em querer manter-se no seu terreno real ou imaginário, e lutar. Essa consciência talvez seja boa de certa forma; deu origem ao autogoverno para tantos povos, direitos iguais para as mulheres, os direitos das minorias, os direitos trabalhistas e, geralmente, os direitos humanos. Estar consciente dos seus direitos é estar consciente da sua individualidade, um passo aparentemente necessário ao progresso humano, a partir do qual é possível proceder a uma compreensão de outras individualidades. Mas ainda não estamos despertos para as reivindicações de toda a vida ao nosso afeto e serviço.

Ser indivíduo é ser distinto e separado, e encontramos, no momento presente, uma intensificação dessa separação que assume inúmeras formas, expressando-se em diferentes emoções e ideologias acionadas por essas emoções. É a própria natureza da mente pensar em termos de separação no sentido de particularidades, mantendo distintas coisas distintas. Mas identificar-se com um eu, ou seja, com as reações que o constituem, isola-o fora da relação com os outros e, em seguida, o faz projetar imagens dos outros. É tendência dos tempos que cada um se feche em uma fortaleza, que é realmente uma prisão de ideias, não apenas no que diz respeito a vários assuntos de importância ideológica ou religiosa, mas também quanto ao que ele deve ter para seu prazer, seus direitos em sua casa, para as coisas que ele deve possuir, e assim por diante.

Esse individualismo desta época atual, que geralmente é considerado um sinal de robustez e progresso, é realmente uma barreira para a evolução da natureza mais profunda e fina do ser humano, em que tudo tem uma expansão irrestrita, como uma onda que se expande livremente quando não é delimitada por barreiras. Dessa natureza sabemos muito pouco, e quando ela ocasionalmente se manifesta, não é reconhecida como importante pela maioria das pessoas.

Todo ser humano existe, junto com inúmeros outros, em uma teia de relacionamentos conectando-se entre si. Mas, embora essas relações existam, elas parecem ser inexistentes na sua maioria porque não há corrente fluindo através delas. Mas essas conexões podem tornar-se eletrificadas, de modo que, em vez de estarem mortas, elas carregam, em qualquer direção, a corrente da vida, do conhecimento e da beleza.

Viver é estar consciente ou perceptivo, em um degrau ou em outro. O impulso da vida, que vem de dentro, e não é um produto da matéria, dá origem à mente que, de certa forma, é mais do que mero percebimento, mas, ao mesmo tempo, menos do que estar plenamente consciente. Quando pensamos, a atenção é direcionada a coisas particulares, e perde o sentido universal, a totalidade de nosso percebimento, inevitavelmente, passando por uma diminuição.

Cada criatura viva existe principalmente como um fluxo de vida, cujo fluxo é o próprio processo de vida. A mesma verdade pode ser expressa em outra linguagem: ela existe como uma manifestação única do Ser Uno que está em todos os seres vivos, para sua própria evolução, para a alegria e revelação de sua própria beleza e capacidade. Se essa verdade for aceita, fará uma enorme diferença em nossa atitude com todas as coisas da vida. A vida oculta está em toda parte, e o objetivo de cada forma é manifestar a beleza e esplendor dessa vida, não que possamos obter alguma gratificação dela.

Cada animal selvagem, por exemplo, existe para sua própria alegria, seu movimento e evolução. Ele gosta de ampliar suas faculdades. Existe, assim como um ser humano, como um dos filhos da Natureza, não para ser caçado por esporte. Mas, infelizmente, não temos esse tipo de respeito pela vida. Se há uma criatura que corre ou voa, queremos atirar ou caçar, o que é um instinto animal. Mas o indivíduo pretende ser mais do que um instinto animal. Porém, ele está destinado a ser mais do que um animal. Se a criatura tem um pelo bonito em seu corpo, queremos removê-lo daquele corpo e colocá-lo no nosso. Tudo está direcionado para o prazer e gratificação do indivíduo. A vida torna-se, assim, turbulenta, cruel e feia. Matamos e exploramos porque não temos aquele sentimento pela vida, sem o qual não é possível conhecê-la, exceto superficialmente; não podemos conhecer sua emoção, sua verdadeira natureza e beleza, a delicadeza extraordinária de seus movimentos, sua maravilhosa potencialidade. Na verdade, não sabemos o que a vida é em si mesma, no entanto, conhecemos apenas suas manifestações externas.

Onde quer que haja vida, há experiência, sensibilidade, o movimento da consciência, e o homem pode conhecer a natureza de tudo isso dentro de si mesmo. Este é o despertar primário necessário, do qual muitas outras coisas se seguirão. Isso abrirá a porta para um novo reino maravilhoso, do qual nos excluímos.

A consciência em sua natureza pura, sem pensamento e sem reações, pode estar acordada ou pode estar dormindo. Tanto no estado de vigília quanto no sono projetamos imagens, que é sonhar. A sequência de projeções é mais coerente durante a vigília do que durante o sono. Mas há também outra condição, que é uma condição de sono profundo em que não há projeção de imagens, nenhum pensamento, absolutamente.

Quando estamos atentos, ou seja, perceptivos do que existe ou está acontecendo, geralmente estamos conscientes apenas parcialmente. De forma a tornar-nos atentos, devemos não apenas prestar atenção, mas também tornarmo-nos cientes dos processos de nosso próprio eu que desviam todas as energias expansivas para si mesmo. Assim, reagimos às coisas apenas a partir da superfície, e ao repeti-las, tornamo-nos cada vez mais condicionados pelo mesmo tipo de pensamento e ação. Quando tentarmos ver esse processo em nós mesmos, saberemos por que nosso percebimento é tão parcial.

Podemos estar cientes em uma parte de nossas mentes e permanecer entorpecidos e adormecidos em outras. Estamos adormecidos quanto a muitas coisas, mesmo quando estamos acordados. Podemos estar cientes em uma parte de nossas mentes e, em outras, permanecermos entorpecidos e adormecidos. Pode haver uma mente ativa, mas ativa em um campo limitado. Ela pode mover-se entre duas linhas de um ângulo, e tudo fora dessas duas linhas permanece como uma área de sensibilidade potencial, sem ainda ter entrado em ação. Existem pessoas que agem com extrema energia sob o domínio de uma ideia fixa, incapazes de ver qualquer outra coisa. É realmente a liberdade obtida no campo da consciência que determina o grau de sua percepção.

O mundo tem que despertar de seus sonhos, suas ilusões e ideias de estimação. Estamos despertos no nível dos fatos concretos de nossa existência, porém, em grande parte, dormindo no plano das questões morais, e em nossas relações reais com os outros, as quais não são mecânicas, no entanto, são relações de vida e amor, compreensão e simpatia.

A mente tem que se libertar de seus apegos que são a sensações de diferentes tipos, físicas, emocionais, bem como mentais, antes que ela possa tornar-se desperta para o Espírito dentro de si. "Espírito" significa Verdade e Beleza em sua infinitude e incondicionalidade. É preciso que a mente desperte para a verdade sobre a vida, para sua beleza atemporal, para a beleza nos relacionamentos, para a beleza em tudo; despertar para a unidade da vida, delicadeza e sensibilidade, para o respeito que ela demanda do menor ser vivo; para nossas próprias ilusões, para as sombras da nossa prisão, em que habita aquele eu que tantas coisas deseja, para ampliar-se, possuir, controlar, desempenhar mil e um papéis, colocando-se em mil e uma posturas; para o mundo em todos os seus aspectos sutis, belos, grosseiros e feios; finalmente, para a verdade em nós mesmos. A beleza externa evoca aquela beleza que está dentro. Quando respondemos à beleza que está fora, ela de alguma forma manifesta-se em nosso interior. Pode não aparecer no mundo externo, porém, habita dentro de nós, em nossas almas, e aí manifestará sua qualidade.

Se considerarmos tudo o que é e tudo o que acontece no mundo inteiro, o cosmos, digamos, como um movimento total da Vida Una da qual tantos Mestres falaram, então cada movimento, cada fenômeno que pertence à vida, deve ter um significado profundo, do qual recebemos apenas uma sugestão. É provavelmente a algo assim que Platão referiu-se em sua famosa alegoria dos habitantes das cavernas. Todo fenômeno natural é uma sugestão de algo muito mais real, uma sombra que evidencia uma realidade.

Em tudo o que é vivo, e mesmo nas coisas que consideramos inanimadas, existe o que pode ser chamado de sua perfeição arquetípica, certa beleza oculta. O artista realmente grande, muitas vezes, adquire um vislumbre de seu caráter. Já foi dito, particularmente da arte indiana, que sua característica especial não reside em copiar com precisão as formas observadas na Natureza, mas em ir atrás da forma, para a ideia incorporada nela, mais ou menos imperfeitamente. A forma na existência objetiva reflete, apenas vagamente, o arquétipo; portanto, toda forma que existe é capaz de uma transformação completa, de modo que o que ela realmente representa é mais claramente trazido à tona, e a forma destaca-se no caráter de sua verdadeira individualidade. Esse é talvez o que o processo que chamamos de Evolução tenta em relação a todas as coisas, incluindo o ser humano — não apenas como uma entidade física, embora até mesmo seu corpo e cérebro sejam capazes de maior perfeição, mas o indivíduo como ele é interiormente. Toda a sua natureza pode passar por uma transformação que a eleva do nível da humanidade comum, e ligada à Terra, para uma condição que pode ser descrita como realmente divina ou espiritual. Do ponto de vista interno, todo o processo de evolução é um movimento para a liberação da perfeição individual, específica de cada coisa existente, de tal modo que expresse a beleza, o valor e a qualidade que estão ocultos dentro dela como parte de um magnífico todo.

Essa beleza oculta, que pertence mais àqueles aspectos que percebemos apenas vagamente, do que ao que se manifesta fisicamente, é a verdade espiritual que está por trás do seu Ser individual. É essa relação entre beleza e verdade expressa nas palavras: "Verdade é Beleza e Beleza é Verdade". Há aspectos aos quais chamamos de beleza, que não são objetivos ou físicos, mas pertencem àquela natureza que podemos chamar de alma de um ser vivo ou de algo, que pode tocar o coração de uma pessoa de maneiras não descritíveis em palavras.

O despertar que está para acontecer somente ocorrerá quando a mente estiver quieta e desapegada, não quando estiver em um turbilhão furioso. É apenas nesse estado, quando o coração não está perturbado por qualquer reação pessoal, que pode haver um despertar para tudo o que exista para ser despertado — beleza, significado, amor e verdade em seus aspectos mais sutis e espirituais. Todo tipo de preocupação, cada tipo de atividade que procede pelo seu próprio impulso, ou seja, mecanicamente, todo tipo de tensão que é como uma corda bem esticada que repele cada impacto, é um obstáculo para o recebimento de qualquer coisa nova de fora ou o surgimento de algo novo de dentro de nós.

Um homem perfeito pode ser descrito de várias maneiras, por sua natureza, por suas qualidades, suas realizações, pelo tipo de transformação que tenha passado, e também por sua relação com todos os seres. Ele está perfeitamente relacionado com todos os seres e com as coisas à sua volta. É um relacionamento no qual existem muitos elementos — beleza, compreensão, resposta e assim por diante. Porque há vida, uma espécie de eletricidade virtual, irradiando dele, ele não apenas eletrifica os filamentos que o conectam por todos os lados, mas é interiormente vibrante, como uma corda de violino que tem a tensão adequada. Ele é responsivo ao seu relacionamento universal, uma condição na qual as experiências de todos os outros seres são como as suas. Se A ama B com um amor extraordinário, ele pode entrar nesse amor. À medida que ele responde a tudo, a beleza em cada ato de sua resposta, que nunca surge da superfície, mas da totalidade de si mesmo, torna-se parte da beleza de toda imagem da vida.

O que é belo, normalmente, é considerado como desejável ou adorável, o que indica que a resposta natural à beleza é o amor, mas esse amor submerge quando outras forças, como por exemplo, o desejo de possuir começa a operar. Quando a natureza interior de alguém é tão desperta que ele vê a beleza oculta em tudo, então seu amor torna-se ilimitado e universal. Pode-se dizer que ele ama a própria vida, a vida em todos os seres, e responde à sua natureza em todas as suas modulações, sendo a resposta adaptada a cada forma individual de vida, devido à sua natureza e qualidade únicas.

O despertar implica aquele grau de percepção, sensibilidade e resposta que caracterizam o amor em seu sentido exaltado, com aquela pureza, em uma paixão à primeira vista, antes de haver tempo para pensar. A centelha Divina em cada um tem toda essa potencialidade, e todo o seu movimento surge dessa natureza de sensibilidade e amor. Mas essa natureza só entra em ação quando há liberdade para isso. Como a misericórdia, ela nunca é forçada. Temos um conceito tão débil e pobre, muitas vezes grosseiramente egocêntrico, do que significa o amor. Ele não deve ser confundido com aquele amor emocional, superficialmente satisfatório e possessivo com que estamos familiarizados. Quando há amor verdadeiro, a estranha, sutil e oculta beleza do objeto do amor a ele manifesta-se, como se estivesse em personagens iluminados. É o amor, em si mesmo, da natureza divina, e não pode ser adquirido pelo esforço, pois somente pode entrar em ação quando existe o terreno preparado e pronto para ele. Nenhum esforço mental ou de vontade pode conseguir forçar alguém a amar, pois a ação de ambos está fora dessa natureza de sensibilidade e liberdade. A única maneira de libertar essa natureza de amor do estado de latência em que ele encontra-se, dentro de nós, é eliminando internamente todos os obstáculos criados pelo pensamento egocêntrico.

A natureza do amor, que é a verdadeira natureza do ser humano, é também uma natureza de sabedoria que sabe instintivamente como agir. Quando se vê, não apenas a forma externa e o aspecto, mas o que ela representa e envolve-se, toda a sua perspectiva é diferente. O homem verdadeiramente sábio não vê as coisas como o mundo as vê.

Diz-se que o Ser Supremo ou o Ser Universal Uno tem três atributos. O primeiro deles consiste no fato de que é um Ser, uma Energia, a fonte da Vida; o segundo é que sua natureza é uma natureza da consciência com todos os seus valores; o terceiro é que sua ação é caracterizada por bem-aventurança ou amor. Os termos em sânscrito para estes são, respectivamente, *Sat*, *Chit* e *Ānanda*. Em cada animal, inseto e planta há consciência; mas é somente quando essa Energia ou camada do Ser, que particularmente constitui o ser humano, entra em ação é que existe a possibilidade do amor, de conhecer a beleza, de experimentar aquela bem-aventurança que não é alegria superficial nem satisfação física ou emocional. Naquela natureza, em que esta possibilidade se concretiza, existe a mistura de Vida e Luz — a chama da Vida, a glória da qual toda a Natureza proclama, e a Luz que ilumina a verdadeira natureza das coisas. Quando estivermos tão abertos à vida, ao ponto de sermos afetados por cada movimento, então saberemos, por nós mesmos, o fato de que a vida é divina em sua natureza e em suas raízes, e a respeitaremos nos outros.

Existia um estado original, há muito perdido e desaparecido; desenvolvemos uma condição diferente, devido à ação da ignorância. Podemos voltar àquele primeiro estado, mas unicamente dissolvendo tudo o que surgiu posteriormente. É um processo de purgação, renúncia, a queda de muitas coisas adquiridas com ganância, e agarrado em satisfação, que deve ocorrer antes que possamos recuperar esse paraíso, um estado de inocência, pureza e sensibilidade, que pode existir em nós mesmos, independentemente das condições externas.

Quando se está totalmente desperto, isto é, consciente em toda a área do nosso Ser, como estava o Buda — a própria palavra "Buda" significa "o Desperto", "o Iluminado" — imagino que vigília, sonho e sono profundo se tornarão um só; ou seja, eles se tornarão sintetizados em um quarto estado que incluirá todos os três — mas todos transformados. O despertar será um despertar completo, em profundidade e percepção; o sonho será sonhos de intuição, lampejos de Verdade e Beleza, sonhar com a pura natureza celestial da qual apenas o que é verdadeiro para si pode emergir; e o sono profundo será o da serenidade total, sem ondulação, no qual toda a Verdade é compreendida e assim permanece.

O verdadeiro, o bom e o belo

Superficialmente, a maioria de nós está apta a pensar que sabemos qual é a natureza da verdade ou do fato, usando esses termos indiferentemente; que seja uma questão de opinião ou gosto, se uma coisa em particular é bonita; e sem determinar o que é fundamentalmente bom, podemos agir supondo ser bom o que é agradável, pelo menos até certo ponto. Mas tais ideias casuais não nos proporcionam uma base sólida de compreensão, nem podem ser eficazes em moldar as nossas vidas e pensamentos em um quadro de harmonia com a verdadeira natureza das coisas.

O pensamento grego antigo, Verdade, Bondade e Beleza eram uma trindade de valores que, juntos, conferiam à vida a mais alta perfeição que ela podia possuir. Existe uma forma de compreensão que daria à verdade um significado fundamental, que pode entrar em todos os aspectos de nossas vidas e, ao mesmo tempo, colocar Bondade e Beleza, não com uma base mutável de conveniência e opinião, mas com base na realidade absoluta? Isso seria possível se todos os três valores estivessem enraizados na própria natureza das coisas.

Quando usamos a palavra "coisas", ela deve referir-se à vasta diversidade do que existe. Existirá um Princípio, uma natureza subjacente, em que todos esses valores serão inerentes, e dos quais são expressões? Caso exista, ele não pode ser algo além da natureza fundamental da Vida. Pois a Vida é uma energia que, ao contrário de todas as forças mecânicas, é consciente em cada ponto e, portanto, pode manifestar valores que estão enraizados na natureza da consciência e que, mesmo quando presentes em coisas externas, são realizados apenas nessa consciência. Ela manifesta beleza — vemos tanta beleza inconsciente nas formas e movimentos da vida na Natureza — e quando a consciência que pertence à Vida é suficientemente evoluída, experimenta a beleza em uma variedade de modos e formas, e em graus que alcançam vários estados de transcendência ou êxtase. Está presente nele o fator de vontade que, quando tem certa qualidade e opera de determinadas maneiras, merece a descrição de "bom". No próprio fato de sua existência, sua natureza única e modos de ação, a Vida, juntamente com a Consciência, apresenta um aspecto da Verdade mais vital e real do que qualquer fato externo a ela.

Essa energia que é a Vida, concebida como universalmente presente, tanto em coisas animadas quanto em coisas inanimadas, estas últimas, obviamente, não na forma em que encontramos em seres animados, pode operar através de uma variedade ou até mesmo uma infinidade de padrões, o padrão determinando o caráter de sua manifestação. Mas a Vida tem essa natureza extraordinária que, embora em cada uma de suas manifestações ela se torne identificada com um padrão particular, o qual é reproduzido e melhorado — este é o processo evolutivo — ela tem, em seu aspecto de consciência, o poder de estar livre de todos os padrões e de toda influência modeladora ou restritiva. O que chamamos de

Verdade deve incluir a realidade dessa liberdade e da natureza vasta como a própria vida, que entra em manifestação em tal liberdade.

A Verdade é uma palavra com uma conotação que vai muito mais longe e mais profundo do que as formas das coisas. Todos nós entendemos o significado da palavra "fatos". Literalmente um fato é o que já foi criado ou realizado, depositado no mapa da existência. Em relação ao conhecedor do fato, ele tem a relação de um passado estático com um presente vivo. Mesmo a continuidade de uma ação realizada é percebida como um fato estabelecido. Mas damos à palavra Verdade não apenas o significado de um fato observável, mas também um significado que a relaciona com a entidade viva, como quando nos referimos a um indivíduo que é verdadeiro. Esta descrição normalmente refere-se a uma natureza ou qualidade evidenciada em sua vida, fala e ação. Há verdade no pensamento quando há uma relação exata ou lógica entre esse pensamento e os fatos reais, e no sentimento que é induzido por uma relação livre e não distorcida dos fatos, uma resposta a eles que está livre de qualquer coloração ou distorção por imaginárias irrealidades. A palavra Verdade tem, portanto, um significado que se refere a uma qualidade ou natureza que se manifesta em todos os níveis de ser, e está presente tanto no conhecedor como no conhecido, no sujeito, bem como no objeto.

A vida é toda forma objetiva em que existe, da mais simples a mais complexa, revela-se em um padrão predeterminado, mas no aspecto da consciência onde há a possibilidade de não estar limitado por nenhum padrão particular — uma condição realizada apenas no indivíduo — ela pode desdobrar-se em formas de sua própria criação ou expressão, com total liberdade. É na natureza que ela exibe tal liberdade; é no livre-arbítrio e nos instintos puros que então caracterizam sua ação, na qual a verdade, assim como Bondade e Beleza têm sua base última. Podemos chamá-los de atributos do Espírito, e assim, ao fazê-lo, estaríamos apenas afirmando a unidade básica da Vida e Consciência com o Espírito, dando à última palavra um significado que esteja condizente com os fatos mais profundos de nossa experiência. Essa palavra, que geralmente tem a mais vaga das conotações, torna-se rica de um significado, que é claro e definitivo, e assume uma realidade que de outra forma ela não pode possuir, quando é entendida em termos de natureza oculta na energia única e onipresente que é a Vida, e revelada em sua liberdade, capaz, nessa liberdade, de manifestar múltiplas ações que trazem à luz um mundo de significados desconhecidos.

Quando a energia que é a Vida, aflorando de sua fonte desconhecida, a partir de uma fonte cristalina, flui em formas e padrões que dão plena expressão à sua capacidade latente, liberando seu potencial, tem-se alegria. É a força desta libertação que dá a Vida sua intensidade e *élan*. Assim visto o propósito da vida, que às vezes questionamos quando nossa experiência de vida não é tudo o que deveria ser, não pode ser um fim imposto por uma mente insatisfeita, inquieta e inventiva, mas deve residir na natureza de sua própria ação e movimento adequados. Quando um indivíduo está realmente feliz e contente, viver é um fim em si mesmo. É assim para todas as outras formas de vida em seu grau. De todas as formas de vida, apenas o ser humano tem uma mente suficientemente desenvolvida para retroceder e saltar para frente, fixando-se no que não é, e assim, surge o problema de onde encontrar a paz, de como viver. Ele não se apresenta mais como um mero canal para a vida fluir de acordo com sua lei inata ou inteligência, e perceber sua capacidade. Ele inventa seus próprios fins, construídos em memórias de seu passado que obstruem esse fluxo. Assim, os fios de seu Ser, que devem estar nivelados, e formarem uma corda de harmonia, tornam-se dispersos, soltos e emaranhados, causando distorção, bem como frustração e estagnação, a partir do qual ele busca alívio.

A bondade, que é um atributo essencialmente humano, tem sua raiz em uma vontade que é boa. Mas a natureza dessa vontade não pode ser uma vontade assertiva separada da vida, gerada por reações de vários tipos, contudo, a vontade inerente à vida, cuja ação tem a natureza da lei e da liberdade. A natureza de qualquer ato de vontade é necessariamente determinada pelas forças das quais é composta, pelo condicionamento da pessoa que deseja. Toda forma de condicionamento implica a existência de uma condição fixa em que a ação que ocorre está fora de seu automatismo, induzida por ideias embutidas de alguma forma. Representa a natureza de um conjunto de forças geradas pelo impacto e resposta mecânica, e não a natureza da vontade inerente à Vida, em um estado de liberdade ou seu livre desdobramento. Só existe livre-arbítrio quando a ação não é predeterminada por nenhum fator externo à consciência que experimenta a liberdade. Pode haver liberdade até mesmo da influência dos fatores genéticos que moldam o instrumento da consciência, chamado o cérebro e o sistema nervoso. Esse livre-arbítrio tem sua base na natureza fundamental e incondicionada, que é a mesma em todos. Nessa natureza, todos os seres humanos são um, embora externamente divididos, cada um pelo seu próprio passado, bem como pelas circunstâncias que pertencem a cada um. Daí a lógica do conselho: "faça aos outros, aquilo que gostaria que fizessem a você".

A bondade em cada relacionamento é experimentada como um sentimento interior de estar sendo movido a ser bom. Não nasce de uma condição de estagnação dentro de si, o que significaria tanto isolamento quanto uma cessação parcial do fluxo de Vida, implicando na inibição da vontade que opera em liberdade. Não é uma condição que busca escapar à retirada do mal. É um movimento do Espírito, ético e moral, baseado na unidade que existe em meio a toda a diversidade, mas exibindo no nível do intelecto e das emoções aquela beleza que é uma expressão de sua harmonia inerente.

A bondade pode assumir diferentes formas, mas o seu espírito, que se manifesta, a natureza da vontade que opera, é sempre a mesma. O que está sujeito a mudanças, de acordo com as conveniências do momento, independentemente de outras considerações, é a chamada vontade, que é realmente a ação mecânica das forças estranhas ao seu verdadeiro Ser. A vida, em seu estado incondicionado, expressa sua própria natureza ou a verdade de sua natureza; quando condicionada, ela expressa a natureza das forças que operam na condição com a qual é então identificada.

A natureza fundamental que não é modificada e mantém sua unidade, simplicidade e liberdade, pode também ser capaz de agir de múltiplas maneiras, mas a ação é sempre de forma a não alterar essa natureza ou diminuir sua liberdade. A ação é uma expressão das energias dessa natureza, operando de acordo com suas leis inerentes, não um produto de outras forças, além dela mesma.

A maneira como a bondade realiza-se em relação aos outros é por meio da expressão da unidade subjacente a eles.

Ela atende às necessidades da Vida Una, conforme corporificado nelas, e promove os valores que pertencem ao seu desdobramento. Isso é o que alguém desejaria para si mesmo, se entendesse profundamente, e não apenas como é na superfície. Em tal bondade está a essência da beleza. Ela cria essa comunhão de Espírito que em sua perfeição manifesta-se como amor. Uma vez que a bondade repousa em um movimento interno do Espírito, cuja energia torna-se a energia da vida, ela dá origem a um sentimento de alegria e uma sensação de bem-estar em todos os níveis em que essa energia penetra.

Se a vida é uma energia onipresente, e todas as coisas, incluindo aquelas que chamamos de inanimadas, são formas moldadas por essa energia, então a natureza desta Vida Una é uma verdade que tudo abrange, e é a mais importante de todas. É uma verdade que se manifesta mais à medida que as formas da vida revelam cada vez mais sua potencialidade, suas qualidades e sua ação. É a verdade que está na base de tudo o que a vida expressa e faz.

A verdade é o que realmente existe e é, portanto, independente de nossa ignorância. Mas funde-se com o conhecimento. Esse é distinto daquilo que não é, pois é meramente imaginado por uma mente limitada e imperfeita. A vida é preeminentemente um agente universal único. Em sua própria natureza e liberdade, ela é a pura Existência, *SAT*[10], um expressivo termo do sânscrito, que tem a conotação da Verdade, bem como Bondade e tudo o que está implícito na palavra "Realidade". Incluindo a natureza do conhecimento ou pura consciência, é o conhecedor de todas as coisas, em suas formas ideais e também variáveis. A natureza pura

---

10 *SAT* palavra sânscrita que significa Ser, Existência, Essência, Realidade. (Nota Ed. Bras.).

das coisas, expressa nas formas ideais da Vida, as formas criadas pela perfeita harmonia no fluxo de suas forças, perdem-se quando essas forças, afastando-se da lei que deveria reger seu movimento, deixam de agir em harmonia, e as formas perdem seu caráter ideal. É essa representação distorcida e diminuída da verdade subjacente em todas as coisas que está majoritariamente em evidência neste mundo imperfeito.

A vida, por ser espiritual em sua essência, e ao buscar manifestar-se em uma forma de harmonia, deve necessariamente ser individual em suas expressões. A forma define a qualidade particular que é manifestada. Podemos não ver muita definição em formas rudimentares, mas a vemos de maneira notável nas formas que são perfeitas e belas. A individualidade manifesta-se como concentração e, simultaneamente, como uma dispersão de efeitos harmoniosos. Uma bela figura ou rosto humano ilustra essa verdade. Toda forma que é bela brilha com a qualidade de sua individualidade, o esplendor de uma essência sutil que molda a forma em uma apropriada expressão de si mesma, distinguindo-se inequivocamente dos outros. Quando a vida desenvolve-se em liberdade, a forma de harmonia, que é sua expressão, é igualmente uma expressão de sua verdade, e sua unidade é mantida em meio ao movimento de suas diversas energias. É a harmonia e o equilíbrio perfeito dessas energias que fazem a unidade. Um belo acorde musical consiste em várias notas, mas mesmo assim é uma unidade. Um belo movimento do Espírito ou da vontade, no qual está a bondade, é um movimento em harmonia ou uma combinação de harmonias que é perfeita, uma concordância de suaves sons. A essência da beleza é a harmonia, seja expressa em uma forma tangível de movimento, seja em uma forma de pensamento ou em um movimento de sentimento.

    A beleza é objetiva como evidenciada em um objeto, mas é subjetiva como percebida e experimentada. Ela pode existir no pensamento e no sentimento, e mais profunda e sutilmente, em estados internos, anteriores ao surgimento do pensamento. Um belo objeto — árvore, vaso, rosto ou qualquer outra coisa que seja — expõe-se a ver a extensão e a superfície de sua forma, e as partes expostas nele. Ela nos afeta pela harmonia que incorpora, e essa harmonia pode ser de natureza mais sutil, com relações indefiníveis, como entre as notas que constituem a música. Uma coisa ou movimento belo é uma criação em que cada parte, inclusive a menor que podemos registrar, está em seu lugar exato, obedecendo a uma determinada lei. É a lei que fundamenta a harmonia, a sua equação, proporcionando àquilo que é belo a sua singularidade. Essa singularidade é abstrata quando atribuída a uma lei, mas é real quando experimentada como um sentimento. A natureza dessa lei faz-se sentir em diferentes formas de experiência. Pode-se responder completamente a uma bela peça musical sem saber nada sobre a sua construção, ou dos comprimentos de onda e frequência de suas notas, ou as relações entre eles ou a lei ou leis a serem deduzidas dessas relações. A beleza como vivenciada, o sentimento subjetivo, é uma essência que permeia a forma dessa beleza, e lhe confere sua identidade interior no campo da cognição humana. A beleza é sempre individual, principalmente nas formas em que suas nuances e proporções são indefiníveis. Por ser subjetivo como sentimento, e objetivo na forma ou movimento que expressa esse sentimento, há na beleza a união perfeita do sujeito com o objeto. Existem esses dois lados na Natureza. A cor, que é uma sensação subjetiva, está relacionada de alguma forma misteriosa com as vibrações e frequências que podem ser numeradas e registradas objetivamente. Existem esses dois lados na Natureza.

As leis da harmonia estão implícitas na unidade da vida. Sua ação, quando essa unidade é ininterrupta, está de acordo com essas leis. A verdade da vida é a verdade de sua natureza conforme explicitada em seus modos de ação, as leis que estão implícitas nessa ação e a experiência da harmonia que está em seus próprios movimentos, tudo isso de um lado e do outro, sua experiência e conhecimento das coisas externas.

A beleza, em uma forma objetiva, é a criação de uma consciência-energia, que tem seus valores inerentes, à medida que flui para o material de sua forma e o impressiona com a verdade da harmonia que está na fonte desse fluxo. Existe a imitação dessa beleza, quando uma criação ou uma obra de arte incorpora uma ideia que é uma aproximação a essa verdade. A forma da Verdade é interiormente uma harmonia, mas a harmonia perde-se quando as energias que a compõem sofrem deflexão, e torna-se desordenada. Toda forma viva que vemos, e reconhecemos como bela, é uma forma na qual as energias da Vida fluindo separadamente encontram sua composição perfeita, estão em relacionamentos harmoniosos e mantêm sua unidade. Quando respondemos à beleza, em qualquer forma, sua harmonia é experienciada nessa resposta. É ao mesmo tempo um despertar da Vida ou do Espírito para a harmonia ou para a beleza dentro de si mesmo, envolto em sua unidade.

Quando a energia que é a Vida é livre e flui — movendo-se e agindo de modo que segue em sua liberdade a lei interna de seu desenvolvimento — há uma facilidade natural, beleza e máxima espontaneidade. São os movimentos instintivos e espontâneos que, obedecendo inconscientemente a essa lei, constituem as formas mais perfeitas de beleza. Um ato de bondade ou afeição espontânea tem uma graça soberba que é negada a um ato de bondade realizado de maneira mecânica. O que podemos denominar de vontade do Espírito é esse movimento tão espontâneo que encontra ou flui em uma forma que o expressa e contém perfeitamente.

A Beleza pode parecer ser uma mera questão de forma, um artifício de linhas, cores, sons ou movimentos. Esse mero arranjo pode expressar apenas uma imitação da verdade. A beleza que é produzida pela junção de peças não pode criar a essência que guarda seu segredo. A beleza tem realmente a ver com uma qualidade ou natureza inata na unidade da Vida e Consciência. É por isso que há tanta beleza brotando da vida, suas expressões e movimentos. Vemos isso na queda de uma folha, um pássaro em voo, as flexões de um peixe, o salto de um cervo, a forma e a ação de um leão ou tigre e muitas outras coisas. Há também a ausência de beleza, que é a discórdia decorrente de uma ruptura na harmonia da liberdade de expressão da Vida, devido a obstáculos no meio que impedem essa expressão.

A Bondade no indivíduo é um atributo do pensamento, sentimento e ação que seguem as linhas de seu Ser imaculado. O caminho da virtude é a forma que representa o fluxo mais gracioso e natural da vida. A beleza está nas expressões da Vida que são incólumes, ilimitadas, mas ainda sob seu fácil controle interno. Tanto a Bondade quanto a Beleza têm sua origem na Verdade que está por trás de todas as expressões da Vida, a Verdade que está na unidade da Vida, sua harmonia e liberdade.

O significado de cada momento presente

Cada objeto que existe tem extensão. A extensão pode ser infinitesimal ou vasta e imensurável. Mas se não há extensão, torna-se um ponto adimensional. De modo similar, se algo existe, ele existe ao longo de um período de tempo. Mesmo que seja uma partícula elementar que apareça por apenas um bilionésimo de segundo, esse período constitui sua duração. Grande e pequeno são termos relativos que são medidas na escala de nossa experiência. Nada é grande ou pequeno em si mesmo. Ele é exatamente o que é.

Nosso pensamento tem como base nossa experiência das coisas. Estamos cientes do mundo ao nosso redor. As coisas nele são sentidas e percebidas por nós de certas maneiras. Nós também as vemos em certas relações entre si. Somente quando nosso pensamento está de acordo com tudo isso é que ele tem alguma validade. Se pensarmos de uma forma que contradiz os fatos de nossa experiência e do mundo em que vivemos, com o qual nos relacionamos, somos como Alice no País das Maravilhas. Como as coisas ao nosso redor estão no espaço e no tempo, elas também entram em nosso pensamento. Uma imagem em nossas mentes tem extensão como qualquer objeto no mundo exterior, e existe por um período de tempo, mesmo que essa duração possa ser uma fração de segundo.

Não podemos imaginar um ponto sem dimensão, embora falemos dele. Quando queremos imaginar tal ponto, temos que começar com uma linha ou um círculo, e torná-lo cada vez menor. O processo de aproximação torna-se um substituto para o ponto. Também não podemos formar uma imagem de nada, embora pensemos que sim. Essa é uma das ilusões de nossas mentes. Estou dizendo isso porque o momento que pode ser descrito como o momento presente é um ponto que existe impalpavelmente em uma linha que representa o passado, o presente e o futuro. Nós também podemos pensar no presente como uma linha dividindo o passado do futuro, mas uma linha tão tênue que quase não existe. Podemos imaginar o futuro fluindo para o passado, embora o futuro não possa ser considerado como existente, exceto em pensamento. O passado também existe apenas em nossa consciência, uma vez que acabou e se foi. É apenas o presente que realmente existe, mas quando pensamos em algo como estando no presente, essa imagem mental já está no campo da memória, tornou-se uma impressão do passado. O presente é uma frente em constante avanço, com o passado associado a ele, arrastando-se atrás dele na forma de memória.

A natureza essencial da consciência é refletir o que é, perceber e registrar, um simples ato que se fosse abrangente e profundo o suficiente para penetrar todas as camadas do que é, resumiria em si toda a verdade que pode ser revelada em pensar. O pensamento progride de forma limitada, mas isso é muito mais complexo. Se observarmos tudo o que existe sem nenhum pensamento, perceberemos certas coisas presentes, e seguiremos para outras, de modo que a consciência, que percebe, seja como uma onda que avança o tempo todo. Uma onda tem uma frente e há muitos pontos nessa frente. Estamos cientes da presença de muitas coisas simultaneamente. A consciência é uma expansão que pode abarcar muitas coisas ao mesmo tempo. Pode iluminar todo um campo de objetos. É realmente muito parecido com o espaço que inclui todos os objetos.

O que faz um indivíduo um pensador, uma característica que o diferencia de todos os outros seres vivos, é sua memória e o uso que ele é capaz de fazer dela. A vida está sempre naquele instante intangível que chamamos de presente, mas a consciência que é inseparável dela tem como domínio não apenas o que percebe, no instante presente, mas a região que já atravessou e a abarca em sua memória, na qual lança uma estranha luz colorida pelo presente. A memória constitui o terreno sobre o qual o pensamento se move e constrói seus edifícios. Sem a lembrança do que foi registrado, sucessivamente no passado, o indivíduo não pode pensar; também, sua vida perderia sua coerência, seus atos no presente sua relevância. Ele estaria se movendo com uma vela aberta aos ventos que sopram em cada momento desse movimento, mas incapaz de guiar seu curso em qualquer direção. A própria palavra direção implica dois pontos, nesse caso, o momento presente em relação ao qual não há escolha e um momento passado que através do presente se conecta com o futuro. Na evolução há um aumento contínuo da capacidade de recordação. Nossa memória é muito mais sutil e abrangente do que a de qualquer animal. Um animal desenvolvido, como um elefante, pode lembrar-se de certos eventos por um longo tempo. Mas nossa memória tem uma dimensão maior; inclui ideias e experiências que pertencem exclusivamente ao estágio humano.

    Se apenas nos lembramos dos fatos do passado, essa lembrança fatual não prejudicaria ou modificaria a ação da consciência no presente. Nós pensamos, sentimos e respondemos aos eventos apenas no presente, e essa ação pode ser nova e não afetada por quaisquer reações do passado que possamos recordar. Pode ser, mas infelizmente não é, de um modo geral. A existência de um registro do passado não precisa interferir na ação no presente. Por que então interfere, predetermina a ação da mente, privando-a de sua liberdade? A predeterminação decorre de um vínculo de causalidade entre o registro e a consciência presente. A menos que exista essa relação de causa e efeito, o passado acabou, ele realmente não existe, e não precisa afetar o presente de forma alguma. Mas em nossa inconsciência, cada momento gera o próximo e, em certa medida, transmite sua natureza. Existe certo estado de consciência em um determinado momento; no momento seguinte, há o mesmo estado modificado por novos impactos e também reações que são do estado que primeiro existia. A ligação entre os dois momentos não é uma mera sequência no tempo, mas é psicologicamente criada pelas forças que surgem do passado e atingem o presente estado de consciência. Elas são forças de atração e repulsão, gostos e desgostos, esperanças e medos. Essas forças surgem apenas aparentemente do passado, pois elas sempre operam no presente, mas misturam-se entre sua frente ativa e o registro do passado que carregam. Mas podemos falar deles como decorrentes do passado, assim como dizemos que o sol nasce no Oriente.

    Algo aconteceu ontem. Eu fui insultado, ou pensei que tivesse sido, o que geralmente acontece mesmo quando não há intenção de insultar. O sentimento de dor continua. Ele agora afeta meu pensamento e comportamento. Vemos que há uma certa força surgindo da memória de um evento que ocorreu no passado e operando no presente. Para tomar outro exemplo. Tive uma experiência prazerosa ontem. O fato está registrado na minha consciência. Mas quando me lembro da experiência, há uma força que surge do registro em minha memória, que é o desejo por essa experiência. Essa força direciona meu pensamento no momento presente através de um apego a essa experiência. Ao ter essa experiência novamente, o desejo somente se fortalecerá, e eu ansiarei por essa experiência continuamente. Todo desejo surge da memória de experiências no passado, mas opera e modifica o pensamento e a ação no presente. Não podemos desejar nada que nunca conhecemos. O desejo não pode existir sem uma base. Podemos experimentar uma nova sensação, ela pode vir até nós, mas quando pensamos que desejamos algo novo, na verdade desejamos certa sensação já existente na memória; talvez desejemos isso com o estímulo de novas associações. Entre as forças que têm sua base no passado estão nossos medos, que inibem o fluxo, a ação natural, das energias dentro de nós. Podemos facilmente encontrar inúmeros outros exemplos da nossa própria experiência de como o passado obscurece o presente.

 Mesmo quando a consciência é apenas um pequeno germe, ela pode se apegar, pois tal é sua natureza. Um inseto rasteja até o lugar na flor onde o mel é encontrado. Já esteve lá antes e gostou do sabor do mel ou é levado a ele pelo seu cheiro. Mesmo que sua consciência seja apenas uma coisa pequena, ela se prende à sensação que desfrutou e é atraída por ela mecanicamente. Há nele uma memória incipiente. O processo de formação de vínculos é contínuo desde a infância. A

Vida significa contatos de vários tipos, e quando um contato é agradável, causa uma sensação gratificante, a mente se apega rapidamente a essa sensação. Isso ocorre pela força da inércia psicológica quando não se está desperto para o processo.

Tudo o que é construído perde sua força no decorrer do tempo, e o cérebro também perde sua vitalidade e coerência com a idade. Mas há mudanças que surgem, não devido a qualquer causa física, mas por causa da própria maneira em que a mente trabalha em um estado de não percebimento. Estamos aqui fazendo uma distinção entre cérebro e mente, dando a este último um *status* independente. Se a vida fosse um produto da matéria, então, com a deterioração do corpo, a vida definharia e, quando o corpo morre, a vida e a consciência devem se extinguir para sempre, como a chama de um pavio que foi consumido. Mas em uma visão profunda da matéria, a vida e a consciência podem ser manifestações de uma energia que é a base do Universo, porém, deve assumir uma forma, uma organização material, para uma expressão significativa. De qualquer forma, podemos ver como a consciência se limita. Ela forma ideias sobre vários assuntos. Essas ideias não são meramente formas de sua ação, mas tendem a tornar-se cristalizações que ficam na mente; a mente se apega a elas, pelo prazer que dão ou por medo da dor, e, em seguida, todo o processo de pensamento ocorre em relação a elas, gira em torno delas. O homem é um pensador, como indica a derivação da palavra "homem". Ele está constantemente envolvido em ideação de diferentes tipos. Não pode haver nada de errado em formar ideias ou em desfrutar de algo agradável, ou seja, no registro de uma sensação agradável. Mas complicações surgem quando nos apegamos às sensações ou às ideias e buscamos permanência. Todo apego é uma corda.

Mentalmente e emocionalmente erguemos paredes ao nosso redor que constituem uma prisão dentro da qual as atividades da mente estão confinadas. O indivíduo permanece dentro do recinto e projeta várias ideias a partir daí. Todas essas ideias brotam da base de seu condicionamento, ou seja, da base das experiências que teve e suas reações a elas. O indivíduo ambicioso projeta um quadro diante dele de sua própria importância, que ele procura realizar. Similarmente, aquele que tem medo projeta sombras do que pode acontecer com ele em cada muralha que se apresenta à sua vista.

Se a consciência atual deixa ir seus apegos, que são realmente para suas próprias memórias, então imediatamente ocorrem mudanças de grande consequência. As memórias não deixarão de existir, mas retrocederão, e deixarão o presente em um estado de liberdade e natural integralidade. O passado se transformará em uma mera paisagem. Diz-se que Buda poderia se lembrar de todos os eventos de todas as suas encarnações passadas. Certamente que aquela lembrança não afetou, de qualquer maneira sua serenidade, a liberdade que ele tinha alcançado, ou sua atitude benigna para com todos os seres e coisas. O passado era apenas um mapa desenrolado diante dele.

Quando a mente está se exercitando sobre o passado e o futuro, preocupada com o passado e projetando o futuro, está pouco enraizada ou interessada no presente. Suas energias não estão lá, exceto por um mínimo. Dividida e puxada em direções diferentes, a mente não está em um estado natural, mas em um estado de ruptura e tensão. O estado natural é um estado livre, enquanto o estado modificado é uma condição na qual a substância da consciência sofreu alterações e é esculpida em pedaços de diferentes tipos. É uma condição na qual tanto a sensibilidade quanto a liberdade, que são inerentes à natureza, e à ação da consciência em seu estado não modificado, são perdidas quase inteiramente.

Só a consciência, um todo puro e indiviso, pode refletir a verdade do que toca, e nesta verdade está o significado da coisa ou do evento. Não podemos dizer que cada momento que vivenciamos seja significativo. Existem alguns momentos em nossas vidas que o são. Estes são muito poucos. São movimentos de beleza, de amor e felicidade, de iluminação, reveladores de algo que não conhecíamos. Quanto ao restante, nossas vidas são comuns, muitas vezes uma monotonia há muito desenhada sem qualquer significado real.

Se um momento é significativo, ou não, dependerá do estado da mente e do coração e de sua resposta no momento. Independentemente das condições externas, cada momento pode ser um momento de significado. Se estou sofrendo a monotonia do presente na esperança de chegar a um momento em que desfrutarei da sensação que antecipo, sensação essa que é um reflexo de experiências que eu tive no passado, estou realmente projetando a partir do passado uma imagem que me parece ser significativa, e tudo o que eu estou fazendo no momento é viajar lenta ou impacientemente em direção a essa imagem que, em última análise, pode vir a ser uma miragem. A vida é ação externa, e também no campo do pensamento e dos sentimentos, e qualquer momento pode ter um significado, dependendo não do que acontece de fora, mas da ação de dentro. Em outras palavras, o significado surge da total condição do indivíduo no momento. Se isso é verdade, essa verdade abre uma visão total do que a vida pode significar.

A consciência do ser humano, em seu estado composto, ou seja, dividida em vários fragmentos que são então mantidos juntos como um todo aparente por vários ajustes, participa da natureza da matéria e funciona mecanicamente. Ela cai em tal condição quando está desacordada. Por estar parcialmente adormecida ou sonhando, ela não responde plenamente nem vê claramente; então é em grande parte um hábito ou instinto cego que funciona. Os eventos ocorrem por si só no campo do pensamento, bem como nas relações externas. No sonho existe uma espécie de consciência, mas por causa da ausência de uma inteligência alerta, os sonhos carecem de coerência e racionalidade. Quando agimos mecanicamente, apenas roçamos a superfície das coisas e agimos com uma fração de toda a nossa capacidade. Olhamos para algo belo, mas não somos tocados no âmago do nosso Ser. Observamos que isto é bonito talvez vagamente ou convencionalmente, e passamos para outra coisa. É apenas uma resposta superficial. É assim que nossa vida é vivida em sua maior parte, e por isso é tão insatisfatório. Uma ação ou resposta, para ser perfeita ou completa, deve ser com a totalidade do Ser. Não pode haver qualquer profundidade nas atividades da mente em termos de palavras e símbolos. Talvez pareça que a profundidade em si mesma pudesse estar apenas em suas memórias. Mas pode haver profundidade de uma natureza completamente diferente, na resposta pura decorrente daquele ponto sem dimensão ou aquela mais tênue das linhas finas que constitui a borda do momento presente. As profundezas da memória são como as profundezas das camadas geológicas, matéria solidificada e definida. As profundezas que não têm sustentação no tempo podem ser denominadas profundidades no absoluto ou Espírito, tendo em si toda a emoção, o *élan*, a vitalidade e o frescor que pertencem à Vida. A profundidade está no Ser, na alma. A alma é essa natureza em nós que responde a tudo o que existe. É a sensitividade que aí reside e sua integridade que pode fazer de cada momento perfeito, no sentido de completo, não dependendo do passado ou do futuro. Para permitir que essa natureza atue, deve haver uma mudança fundamental, que é nos despojar das camadas ou estratos de acumulações que aderem ao nosso verdadeiro Ser, mas são estranhos e opostos a ele.

A nossa natureza essencial, que é a natureza subjacente da consciência, é como um espelho que reflete não apenas os aspectos superficiais das coisas, mas também as linhas ocultas de sua beleza, os movimentos de sua alma, o que o poeta talvez sinta vagamente. Como um amante pode ser imaginado capaz de entrar na alma de sua amada, mesmo assim pode ser possível entrar na alma do Universo, bem como na alma de cada coisa nele, vê-lo em toda sua beleza, sua perfeição arquetípica. Shri Krishna fala de si mesmo como a essência manifestada na perfeição de cada coisa distinta que existe.

A natureza divina está em todas as coisas, em cada qual de uma forma única. É apenas quando percebemos e respondemos à divindade nela presente, que conhecemos sua verdade, o significado que reside em sua própria existência e sua relação interna com todas as outras coisas. A beleza em qualquer objeto não deriva seu significado de nada externo a ele mesmo. A única resposta verdadeira é aquela que vem do coração, uma resposta que ocorre quando não há impedimento para isso. Ao mesmo tempo, como tudo está relacionado com tudo o mais, há significado também em cada relacionamento.

Embora o negativo de nossa consciência se torne sobreposto e processado, e assim perca sua capacidade de refletir a verdadeira natureza das coisas, a coisa extraordinária sobre ela é que ela pode se desprender, livrar-se de suas incrustações e chegar a um estado extraordinário imaculado. Isso ela pode fazer apenas através do percebimento das mudanças que ocorrem e por sentir a possibilidade e o desejo de libertar-se da condição que se desenvolveu em sua inconsciência, que é a verdadeira ignorância. Quando essa consciência está novamente em seu próprio estado puro e desperto, então tudo o que ela toca transmite a ela um significado pleno e profundo. Cada evento que ocorre torna-se uma chave que transforma a consciência e desbloqueia uma faceta do mistério que aí reside. Cada momento, então, tem sua própria singularidade e beleza. Tudo o que é visto nesse estado é novo, pois a novidade está na própria consciência.

EDITORA
TEOSÓFICA